人生が変わる!
最強のアウトプット術

アウトプットで自分の価値・可能性を見つける

「塚本さん、いよいよ明日、○時発の飛行機で出発します！」
「よし、がんばってこいよ！」

教え子が海外留学に向けて出発するとき、私はよく彼らとこのようなやり取りをします。「新しい一歩」を踏み出すときというのは誰にとっても勇気がいるものですが、それは彼らにとっても同じ。

知り合いが一人もいない、見知らぬ海外の土地で勉強すると決めた彼らは、大きな勇気をもって日本を旅立っていきます。

それは言葉を変えれば、彼らがアウトプットを実行した瞬間であり、新しい世界に踏み込んだ瞬間です。

さて、最近アウトプットの必要性や重要性が注目を集めており、それは私も深く実感しています。

ここでいうアウトプットとは、ＳＮＳやＹｏｕＴｕｂｅなどを使った発信を含め、友人や知人に自分の考えを話すこと、インプットした知識を実際に仕事などで生かすこと、本で仕入れた情報を実践してみることなど、他者にもわかる形で能動的に起こす行動全般を指します。


ではなぜ、アウトプットは重要なのでしょうか。

アウトプットすることの意義はいくつかありますが、そのなかでもとくに重要なのが自分の価値、可能性を見つけることだと私は考えています。

あなたは自分の価値を自覚していますか。

私の価値はこれだ、と自信をもっていえるものがあるでしょうか。

私は人がいちばん楽しいと感じる瞬間は、自分の価値が発揮されているとき、そして自分の可能性を感じられているときだと思っています。ほかの誰でもない、自分だからこそできているのだと思えることをやっているときというのは、人がもっとも輝ける瞬間のひとつでしょう。

でも実際には、自分の価値に気付けていない人は多い。

「あなたの価値はどこにあると思いますか」と問われても戸惑ってしまう人が多いのです。

そこでアウトプットが重要になってきます。

アウトプットをすることの大きな意義は、この自分の価値、可能性を見つけることにあると思うのです。

他者の反応のなかに自分の価値、可能性を見つけるヒントがある

自分の価値や可能性に気付けていない人が多いのは、自分だけで自分の価値、可能性を見つけるのはとても困難だからでしょう。

たとえば「自分は歌が得意だからミュージシャンになろう」と思っても、プロのミュージシャンとして成功するとは限りません。自分の実力は多くのライバルたちに比べてどの程度のものなのかの判断も自分ではなかなか判断しにくい。

ひょっとすると、その人はミュージシャンとして食べていくのはむずかしくても、別の環境で、歌声で人を癒し、良きムードメーカーとなって誰かに貢献できるかもしれません。でもその可能性も自分ではなかなか見出しにくい。

ではどうすればいいかといえば、それは他者に見つけてもらうしかないのです。

自分の価値、可能性はいつも自分以外の他者が見つけてくれます。厳密にいえば、他者の反応のなかにそのヒントがあります。

他者に反応してもらうには、その材料を外に差し出さなければなりません。他者に見え

る形で自ら何かを行わないといけない。
それこそがアウトプットです。

アウトプットは「自分らしい道」の開拓作業

といっても外に示したアウトプットに対して、誰かがダイレクトに「あなたの価値はこれです。あなたの可能性はこんなところにあります」と教えてくれるわけではありません。YouTubeで公開した自分の歌に対して「あなたには歌の才能があります。あなたの価値は歌を歌い続けることにあります」などと言ってもらえるようなケースは極めて稀。そうではなく、あなたが外に示したアウトプットに対する他者の反応のなかに、あなたの価値や可能性を知るヒントがあるのです。

たとえば私が海外に送り出した教え子のなかには、留学中に驚くほど変わる学生がいます。

ある男子学生は、日本にいたときにはとても控えめで、私に対しても自分から何かを話してくるような子ではありませんでした。それが留学してしばらくすると、次々と多国籍の新しい友だちが増え、「いつも色々な国の友人と一緒に勉強をし、食事にも行っています。こんなに充実した日々は日本ではありませんでした！」と元気にメールを送ってくれるようになったのです。

彼が変わったのはきっと、日本では得られなかった反応を、現地では得られたからでしょう。たとえば彼の話に興味をもち、どんどん質問してくれたり、にこやかに「うん、うん」と聞いてくれる人が留学先には多くいたのかもしれません。このような周囲の反応に、彼は「自分にはこうして人と楽しくコミュニケーションを取れる力があったのだ」と気づいたのです。

この気づきを得られたのは、彼が日本とは違う価値観の世界へ飛び出したからです。そして友だちを作るために行動をした。これらのアウトプットが反応を呼び、彼に気づきと自信をもたらしたのです。

また別の女子学生は、某大学で行った私の講義に出席したことをきっかけに、留学に行きたいと思うようになりました。それまでその学生は、特別な目標もなくだらだらと過ごしていたそうです。

しかし海外へ行きたい、留学したいと思うようになってから、人が変わったように猛勉強を始めました。

ところが彼女はご両親に留学を強く反対されてしまいます。また、留学するための試験も何度も落ちました。留学するべきかどうかを何度も自問自答したそうです。その度に出る彼女の答えは「やっぱり留学したい」。

この両親の反対、試験の結果などのように、自分が示したアウトプットに対する相手の反応に自分がどう思うか。そこにも自分の価値、可能性を探るヒントがあります。

彼女は両親にどんなに留学を反対されても、試験に何度落ちても、それでも留学したいと思いました。あきらめきれずに勉強を続けたのです。そこに彼女の可能性がはっきりと見えます。他人の目からは尚更はっきり見えますが、それは彼女自身も感じていたことでしょう。

結局、彼女は無事に試験に合格し、親の理解も得てイギリスへと旅立ちました。

ところで、ひとつのアウトプットはそれだけで完結することはなく、必ず次のアウトプットへ繋がっていきます。

留学というアウトプットをした学生たちは、留学中にも次々と別のアウトプットを続けています。

あるいは、たとえば思い切ってＹｏｕＴｕｂｅというアウトプットを始めた人なら、その先にまたやるべきことややりたいことが見つかるはずです。

アウトプットを続けていけば、その度にさまざまな反応があるでしょう。そこには次に進むべき方向性のヒントがあります。ときには「無反応」という反応もあるかもしれませんがそれも大事な反応のひとつで、「反応がなかったのはなぜなのか？　次はどうすればいいか？」を考えるきっかけを与えてくれます。

こうしてアウトプットを続け、良い意味でブレながら進んでいくと、何となく自分が進むべき道が見えてきます。その道に、自分の価値や可能性らしきものが見えてくるのです。

つまり、アウトプットは「自分らしい道」の開拓作業ともいえるのです。

偏差値30台の高校生がケンブリッジ大学の院生に

このように言えるのは、私自身がアウトプットの連続でここまでやって来られたからです。

現在、私は英語教育業務を中心とした会社を運営し、全国各地で講演を行い、これまでに何冊も本を出させてもらっています。

といっても順風満帆にここまで来たわけではなく、かつては偏差値30台、ではその代わりに何か得意なことはあるかというと何もない、どうしようもない高校生でした。

しかしあるひとつの出来事をきっかけに私の人生は動き出しました。今思うと、このときが、私がアウトプット（他者にもわかる形で能動的に起こす行動）を始めたときだったのです。

アウトプットし、その反応に従ってまた次のアウトプットをする、ときには次のアウトプットのためにインプットをする、そしてまたアウトプットをする。止まることなくアウトプットを続ける……。こうして、かつてのどうしようもない高校生は大学生になり、その後ケンブリッジ大学の院生となり、会社経営者という今に至ります。

現在は英語教育を中心にさまざまな業務を手がけていますが、すべての業務の根っこには「人やモノ、組織がもっている価値や可能性を見つけ大きくしたい」という思いがあります。

そしてそれをすることこそが、今の私の価値だと思っています。

だから私は、自分が応援した方が新しい一歩を踏み出した瞬間がたまらなく好きなのです。そこにはその方の価値、そして可能性の片鱗が見えるからです。

この本もそのために書きました。

アウトプットをし、アウトプットを続けることで、ひとりでも多くの方に自分の価値、可能性を見つけて欲しい、そして自分の人生を生き生きと輝かせて欲しいと願っています。

といっても「アウトプットで自分の価値、可能性を見つける」というのはあまりに抽象的ですね。そこで順を追って、できるだけ具体的に解説していきます。

1章では、主にこれまで私がどのようなアウトプットをし、それが実際の業務につながっていったのかを紹介します。自分の人生を切り開くのはいつもアウトプットです。しかも最初は本当に小さなアウトプットです。

とはいえ、何からアウトプットしてよいのかわからない、またアウトプットへの不安など、あなたのアウトプットを拒む「壁」はいくつもあるでしょう。何よりも大事なのは、どんな些細なことでもよいからとにかくアウトプットを始めることです。

そこで2章では、とにかくアウトプットを始めるためのヒントをお伝えしていきます。「とにかくアウトプットを始める」ことができたら、次はより質の高いアウトプットができるようにしていく必要があります。質の高いアウトプットは、良い連鎖をしていきます。ひとつのアウトプットが予想外の展開を見せてくれる場合もあります。

ではどうしたら質の高いアウトプットができるか、それを3章で考えていきます。

4章ではインプットについて考えていきましょう。質の良いアウトプットには質の良いインプットが欠かせません。しかし質の良いインプットはアウトプットを前提にしてこそできます。スタートはあくまでアウトプットなのです。

そして最終章の5章では、実は個人のアウトプットが世の中を改善していくことにつながることについて解説していきます。アウトプットが自分個人のなかだけで完結しないと気づいたとき、それが社会の役に立つ可能性に気づいたとき、それは次のアウトプットへのエネルギーになるはずです。

さて、ここまでアウトプットのもっとも重要な意義は自分の価値、可能性を見つけることであると語ってきました。

自分の価値、可能性を一刻も早く見つけたいと思っている方は、ひょっとすると本書を読み進めていく途中でアウトプットをしたくて仕方なくなるかもしれません。そんなときはどうか躊躇なく、本書を放り出してアウトプットをしてください。本書を読み進めることよりアウトプットすることを優先させてください！

アウトプットはとにかく始めてみる、とにかくやってみることが何より重要だからです。そして「あ、そういえばあの本の続きはどうなっているかな」と思い出したときにここに戻ってきてもらえればと思っています。

願わくば、本書を何度も放り出して何度も実際のアウトプットをしてほしい。私はいつも「ここ」であなたを待ち、応援していますので、どうか心置きなくアウトプットに励んでください！

《序章》

第1章 アウトプットが人生を切り開く

第2章

とにかくアウトプットを始めよう

第3章

アウトプットの質を高めるには？

第4章 アウトプットの質を高めるインプット

第5章

アウトプットが世の中を変えていく

第1章

アウトプットが人生を切り開く

どうなるかわからなくても、とにかくやってみる

アウトプットで何より大事なのは、とにかく始めることです。

「これをやったらどうなるだろう?」「うまくいくだろうか?」などと先の心配をしている暇はありません。

そんなことを考えている間に、手や足、口、どこでもいいのでとにかく体を動かし何かを始めるのが肝心です。

序章でも簡単に触れましたが、かつての私は偏差値30台、スポーツでも他に抜きんでる力はなく、ほかに得意なことがあるわけではないどうしようもない高校生でした。しかしある出来事をきっかけに、猛勉強を始め、現役で同志社大学に進学、その後イギリスのケンブリッジ大学・大学院に進学し、このときに学んだ英語と心理学を生かし、現在は英語教育を中心とした事業を行っています。

こうしてサラッと書いてしまうと、スムーズに「綺麗な階段」を上ってきたように思われてしまうかもしれませんが、実際の道のりはもっと凸凹でした。先はどうなるかわから

ないけれど「とにかくやってみる」を繰り返し、色々と寄り道もし、でも後から考えるとそれも必要な寄り道で、気づいたら今にたどり着いていていたという感じです。ですから今でも、「とにかくやってみる」は私の大事な指針のひとつです。

とにかく始める。

起業も「とにかくやってみる」から

起業も「とにかくやってみる」から始まりました。

起業をしたのは、ケンブリッジ大学・大学院に入学する直前のこと。

大学院に入学する1年前から、入学準備のためにイギリスのケンブリッジで生活していたのですが、とにかく大変だったのが物価の高さです。当時は1ポンドが約２５０円。バスの初乗りで６００円くらいかかるのです。

住居は、バス、トイレ、キッチンが共同のシェアハウスでしたが、家賃は約10万円。プラス食費などを考えると、何とかして稼がないととてもやっていけない状況でした。

しかしレストランなど、長時間を拘束される仕事はできませんでした。入学準備の段階で入学後は勉強で手一杯になるだろうことが予想できたからです。

時間を拘束されずに、隙間時間で稼げる方法はないかと考えた結果が、ネット上での英語添削の仕事でした。

イギリスの大学院に入学するには、ＩＥＬＴＳ（アメリカやイギリスの大学に入学する際に英語力を判断するテスト）という英語力を判断するテストで合格点を取らなければなりません。私が海外の大学院に留学しようと決めたのは大学3年生のとき。大学では経済を専攻していたため、本格的な英語の学習はそのときから始めました。経済的に余裕がなかったため学校には通わず参考書を買い、独学で勉強をしたのです。独学でも、アメリカのハーバード大学やイギリスのケンブリッジ大学、オックスフォード大学など欧米の名だたる大学には入学できるだろうと言われるレベルまで上げることができました。

「この勉強法のノウハウを、留学を希望する人にネット上で提供すればよいのでは？」と考えました。

ネット上で生徒を募れば、その後のやりとりはメールとスカイプでできます。課題を出し添削をする作業時間は、自分の都合に合わせて捻出すればいいと考えました。

「これだ！」と思ったら迷わず即実行です。

まず必要なのはサイトの立ち上げ。ホームページ作成ソフトを買い、検索でいかにヒットしてもらうかのコツが盛り込まれた本を読み込み、手探りで作っていきました。そしてとにかくサイトを公開したのです。

もちろんすぐにサイトへの反応があったわけではありません。

しかしラッキーなことに、開設してから約3ヶ月後に、eラーニング事業を行っている会社の方がサイトを見つけてくれました。そしてその会社が営業や経理などの庶務を担当し、私は生徒の指導に専念できる形でその会社と契約を結ぶことができたのです。これによって、私は営業などの心配はせずに効率よく働けるようになりました。そしてじわじわと収入が増えていきました。

この英語添削の事業は、現在の企業経営につながる最初のアウトプットで、じつはこの事業は形を変えて今でも続いています。

でも始めたときには、まさかこんなに長く続くとは思っていませんでした。今のような大きな企業形態になることも予想していませんでした。とにかく始めてみたら、何となく波に乗っていったのです。

ですから「とにかく始めてみる」ことはとても重要。やってどうなるかはわからなくてもいいんです。むしろどうなるかわからないからこそできるのかもしれません。人は明日何が起きるかわからないからこそ、今日を生きられるのと同じで。

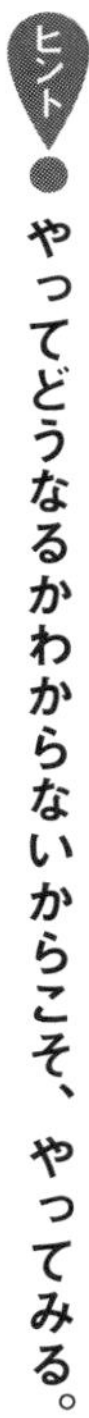

やってどうなるかわからないからこそ、やってみる。

自分の考えを誰かに「話す」のも重要なアウトプット

自分の考えていることを誰かに話すのも大事なアウトプットのひとつです。

現在、私は複数の事業を展開していますが、そのいくつかは、私が誰かにそのときの自分の考えを「話した」ことがスタートのきっかけになっています。

たとえば企業研修もそのひとつです。

留学を終えて帰国した後、私は企業に就職せずにイギリスにいた間に立ち上げた事業を続けていくことにしました。

といっても経営に関してはまだまだ勉強不足と感じていたので、商工会議所などが主催する経営勉強会に定期的に通っていました。勉強会の空き時間は、ほかの参加者たちと雑談になります。その中で、私はよく自分の考えをほかの人に話していました。

そのときよく考えていたのは、英語教育の現場で感じていた違和感。英語を教える側も教わる側も「とにかく英語をインプットして100点をめざそう！」という気概がありました。両者にやる気があるのはとても良いことなのですが、「でも英語を実際に使う場面で満点は必要なのだろうか」と疑問に思っていたのです。実際に英語を使う場面では満点ではなくてもコミュニケーションは可能だし、むしろ満点をめざす姿勢がアウトプットを尻込みさせ、コミュニケーションの妨げになっているのでは、と考えていました。そして「英語は100点の人より、70点くらいの人の方がよく話せるんですよ！」と、事あるごとに周囲の人に話していたのです。

その勉強会でもこのことを話していました。すると、そこにいた参加者の一人の方が「その話、おもしろいね。その内容でうちの会社で研修をやってみない？」とおっしゃってくださったのです。

当時の私は新しい局面では必ず「イエス」と言うと決めていました。「やってみない？」という誘いに、「ぜひやらせてください！」と即答しました。

そのときには、企業研修の経験は一度もありませんでした。でも「やります」と言ったからにはやるしかありません。

何かを始めようというときに、まずは相手に「始めます」と言ってしまうことはアウトプットを行いやすくするコツのひとつです。「やります」と宣言することによってやらざるを得ない状況になり、自分の中に強制力が生まれます。「また今度でいいや」と流せなくなるのです。

企業研修を「やらせてください」と言った日の夜から、企業研修とはどういうものなのかを徹底的に調べました。関連書籍を読み、何をどのように伝えたら相手の役に立つのかを考え、まとめていきました。

人生初の登壇は、約30人の受講生を前にした約2時間の研修でした。今思うとそのときの内容や構成はまだまだ稚拙で、受講生の方たちはよく聞いてくださったなと思います。しかしこの第一回めの研修をきっかけに、「うちの会社でもやってほしい」という依頼をいただくようになりました。現在でも私が登壇する場合がありますし、内容によっては社員が引き継いで実施してくれています。

「アウトプットしなければ」と思うと構えてしまうかもしれませんが、じつは気楽な気持ちで自分の考えを誰かに話すことも大事なアウトプットのひとつなのです。

もちろん、誰かに自分の考えを話したからといって、必ずしも相手が反応してくれるわけではありません。むしろスルーされてしまうケースの方が多いでしょう。でも話さなければ100%反応は起こりません。ですからとにかく話すのです。

また「これは価値がある」と自分が思っている内容ならば、それを発信し続けることで、いつかどこかで誰かのアンテナにひっかかかるときがきっと来る、とも思っています。

まず相手に「やります」と宣言してしまう。

出版のきっかけは「企画案提出」というアウトプット

私はこれまでに22冊の本を書いてきましたが、自分の本を出版することになったきっかけは、自ら「出版社に企画を出す」というアウトプットでした。

著書の一冊目はＩＥＬＴＳの対策本で、これは案外すんなり企画が通りました。なぜなら、当時ＩＥＬＴＳに関する本は日本ではほとんど出版されていませんでした。私がケンブリッジ大学に入るための受験勉強をしているときには、何と世界でたった三冊（すべて英語版）しか刊行されていなかったのです。しかも日本のａｍａｚｏｎではまだ洋書の取り扱いがほとんどされてないときでした。企画を出した段階では、和書が２、３冊出版されていましたが、まだまだ今後の需要が見込める内容だったため、ＩＥＬＴＳの日本語版の企画書はすぐに受け入れてもらえたのです。

次に書きたいと思ったのは、ケンブリッジ大学を卒業するまでの本でした。かつてはどうしようもない高校生だった自分がどのようにして変わったのかを伝えたいと思いました。

私を大きく変えてくれたのは本です。

先に「高校時代にある出来事をきっかけにして猛勉強するようになった」と書きました。これまでの著書にも何度か書いていますが、「高校時代のある出来事」とは同じ高校の生徒と起こした大喧嘩でした。多数のけが人も出し、マスコミにも取り上げられてしまったほどでした。これによって私は二週間の停学処分を受けてしまったのです。

この停学期間中に初めてビジネス本と呼ばれるジャンルの本を読みました。稲盛和夫さんの『人生と経営』や松下幸之助さんの『道を開く』、またスティーブン・R・コヴィーの『7つの習慣』などです。

どの本も正確に内容を理解できたのは、恐らく全体の20％ほどだったでしょう。でもどの本からも衝撃を受けました。そしてこれらの本は、これからの生き方次第で、ひょっとしたら自分は変われるかもしれないという希望を与えてくれたのです。

そして実際に私は変わることができました。大学受験も、留学の勉強も、起業のときも、私はいつも本だけで勉強しました。本さえあればいくらでも自分の可能性を広げられると実感していました。そのことを伝えたい、とにかく本さえあれば誰でも変われることができると伝えたい。そして今度は自分が誰かに希望を与えたいと思ったのです。

本を出したかったら、まずは自分の企画書を書いてみる。

「とにかくやってみてダメだったらしょうがない」と思ってやってみる

そこで企画書を作り、プロフィールを添えて複数の出版社に送りました。

よく「出版社に企画を送ってもほとんど相手にされない」という話も聞きます。でも私は、「こうしたい！」と思うことがあったら、「とにかくやってみてダメだったらしょうがない」と思って実行します。何事も実際にやってみないとどうなるかはわからないからです。企画書を送っても本当に相手にされないかもしれないけれど、ひょっとしたら相手にしてくれる出版社もあるかもしれません。どんな結果が出るか、それは実際にやってみて初めてわかります。

このときもそんな気持ちで、すぐに連絡先がわかったいくつかの出版社に企画書を送りました。

すると案外すぐに、ある出版社の編集の方から連絡があり「3か月で書けますか？」と聞かれました。「もし3か月で書けるなら、お願いしたい企画がある」と言われたのです。よく事情を聞くと半年先に行う出版フェアで「目玉」として出そうと思っていた企画の原稿がなかなか上がってこず、代わりとなる企画を早急に決めないといけないという状況だったのです。

「3か月で書けますか?」に対する私の答えは、もちろん「書きます!」でした。

その編集者の方が連絡をくれたのは、ある年の1月でした。じつは年初であるその月の初めに「今年は本を書く! 企画書を送る!」と決めて手帳に書き込んでいました。その目標達成の目処が早くもその月に立ち、2月の終わりには原稿を書き上げ、その年の6月に『偏差値30でもケンブリッジ卒の人生を変える勉強』というタイトルで無事に発刊されたのです。

その後は、この本を見つけてくれた、複数の別の出版社の方から「次はうちで書いてくれませんか?」という依頼をいただけるようになりました。22冊という著作のスタートは「企画書を書いて送る」というある意味誰でもできるアウトプットだったのです。

ヒント● 誰でもできることをやってみる。

気になった「つぶやき」への反応も大事なアウトプット

ツイッターで自分の思いや考えをつぶやくのも大事なアウトプットですが、他の人の「つぶやき」に、相手に伝わる形で反応することもまた大事なアウトプットのひとつです。たとえばツイッター上でのあるつぶやきに、とても共感したり感動した場合などには、それを自分の胸の中だけにとどめておくのではなく、きちんと言葉にして相手に伝えるのです。

相手のアウトプットと、それに反応するこちらのアウトプット。この両者のアウトプットがかけ合わさって仕事につながることもしばしばあります。

そのひとつは、Ｊリーグ・京都サンガの前監督、中田一三氏との仕事です。自分自身の学生時代のサッカー経験、また地元である京都のチームということで、以前から京都サンガには注目していたのですが、中田一三氏が監督に就任してからは一層熱く注目するようになりました。

なぜなら中田前監督がツイッターなどで発する考えが一風変わっていたからです。スポーツチームの監督の多くが何よりもまず勝敗にこだわるなか、中田前監督はそうではありませんでした。それよりも「自分たちは何のためにサッカーをするのかを考えよう。それは地域や社会のためじゃないか」などといった発言が目立ち、そのスポーツ監督らしからぬ大局観にとても魅力を感じたのです。

そしてあるときの中田氏の「つぶやき」も一般的な監督らしからぬもので、私はそのつぶやきに対して、素直に「めちゃめちゃおもしろいです！」とリプライしました。

すると、数ヶ月後に中田氏から「今度ぜひお会いしましょう」というメッセージが届きました。私のリプライを読み、その後私の本も購入してくれたらしいのです。

そして何度かお会いするうちに仕事の話になり、中田氏のＹｏｕＴｕｂｅのディレクションをさせていただき、その他も多方面で共に活動させていただいています。

といっても、最初から「このひと言でぜひ仕事につなげたい」と思ってリプライしたわけではありません。中田氏のつぶやきに純粋に感動したので、それをぜひ御本人に伝えたいと思って実行しただけでした。

でもそんな純粋な思いも実際にアウトプットすると、このように新たな人間関係が築ける場合があります。それまで知らなかった世界との出合いでもあり、そこには自分の可能性を広げられるチャンスもある。

よって、ほかの誰かの考えやコメントに心が動いたら、「すごいな」「おもしろいな」と思うだけで終わらせるのではなく、きちんと言葉にして発することが大事です。「うん、素晴らしい……」などとインプットで終わらせない、自分の中だけで完結させないのが肝心です。

もちろんすべてのアウトプットがヒットを放つわけではありません。しかしアウトプットしなければ常に打率はゼロ、ヒットのチャンスは生まれないのです。

ヒント 思ったことは言葉にして伝える。

その「ひと手間」が次の仕事につながる

純粋な気持ちでリプライするときがある一方で、「これがいつか仕事につながるといい」と思いながらアウトプットする場合もあります。

私にとって本を書くことは大事な仕事のひとつなので、ツイッターなどで私のアカウントをフォローしてくれた方が出版関係の方だとわかった場合は、必ず「フォローしていただき、ありがとうございます」と個別のメッセージを送ります。基本はたったこれだけです。「この縁を何とか仕事につなげよう」とがんばったりはしません。

しかしそれが後々仕事につながったことが何度かありました。

その後、私が何気なく放ったツイートに対して、「このテーマで一冊書けませんか?」とご連絡をいただき、実際に企画がスタートしたのです。

先方の担当者との方とは、それまで「ツイッターのフォロー」と「そのお礼をした」というだけの関係にすぎませんでした。でもその「下地」があると次のステップに進みやすくなります。

たとえば私が何か良い企画を思いついたときには、「このような企画を考えていますが、ご検討をしていただけませんか？」と連絡しやすくなりますし、それはきっと先方も同じでしょう。

このように、お互いのひと手間のアウトプットが仕事を呼ぶ場合もあるのです。

簡単な個別メッセージを送る。

アウトプットが人を成長させる

アウトプットを続けることで、人は何歳になっても成長できる――。

これに気付いたのは、ケンブリッジ大学で講義を受けているときでした。

ケンブリッジでの講義は、どの講義でも学生は思ったことをすぐにどんどん発言します。たとえ教授がテーマについて解説している途中でも、疑問が生じればすぐに発言し、話に割り込んでいくのです。

日本の大学で講義を受けているときにはなかった光景でした。「何か言いたいことがあっても黙っていて、とりあえず周りの様子を伺う」というのが多くの日本人が取りがちな行動ですが、私も例に漏れず、ケンブリッジでの最初の頃はただ周囲の意見を聞いているだけでした。

彼らの予習の力の入れ方と積極性をただただスゴイと思っていたのですが、彼らの発言をよく聞いてみると、実はそれほどスゴイことを言っているわけではないことに気づきました。

しかし誰かが発言すると、その発言に対して必ずほかの誰かが反応を返します。「それは違うのではないか?」「こういう見方もできるのではないか?」「私も同じように考えているなどさまざまな反応があり、それを聞くことで「そうか、そういう考え方、見方もあるのか」と気付けたり、「自分が克服すべき弱点はここだった」といった発見もできる。発言することでその人は成長できる、ということに気付いたのです。

以降、「ひとつの授業で必ず一回は発言しよう」と決めました。

そして、発言をするなら少しでもみんなの価値になるような発言をしたいと思い、日本の状況に結びつけた発言をするようにしたのです。当時は周囲に日本人がほとんどおらず、授業に出ている学生たちは日本のことをほとんど知りませんでした。発言に日本の社会情勢や心理的な特徴を加えていけば、聞く側の知識がひとつ増えます。

でも恐らく、発言の際にそのような気遣いをしなくても、彼らは優しく受け止めてくれていたでしょう。

日本の教育の根底には「人に迷惑をかけてはいけない」というものがありますが、欧米には「人が人に迷惑をかけるのは当たり前。だからこそみんなで見守っていこう、助けあっていこう」という価値観があります。

ですから、たとえ見当外れな発言をするなどのミスをしたとしても、そのミスを責めるのではなくチャレンジしたことそのものを称賛する、そしてミスに対しては「ではどうすればよいかをみんなで考えていこう」とする風潮があるのです。ミスをしても誰も笑わないし、そんなミスは誰にでもあり得ると受け止めてくれる。どんな発言もしやすい下地ができているのです。

日本にもそんな風潮が生まれることを願っていますが、だからといって「日本にはそんな風潮がない」と嘆いている場合ではありません。
どんな環境でも、アウトプットをすれば必ず他者の反応はあります。どんな反応のなかにも、自分を成長させるヒントが隠れています。そのヒントを次に生かすことで人は成長を続けられるのです。

ヒント● 自分の意見は必ず声に出して言う。

体感した発見は、自分の財産になる

アウトプットには、それをすることで自分自身の発見が増えるというメリットもあります。インプットしているだけでは得られない気づきがあるのです。

イギリスでは、私のように英語を母国語としない国から来ている人に大勢会いました。彼らとは英語でコミュニケーションを取るのですが、彼らと話していてあることに気付きました。それは彼らが、さほど文法的な正しさを気にしていないということです。

たとえばイギリス在住二〇年以上の男性は、時制をほとんど気にしていませんでした。一〇年前のことを話しているのに、平気で現在形の動詞を使います。文法でいえば中学一年生レベルのミスをしているのです。

最初に「一〇年前と言っているのだから、時制など厳密にしなくてもいいでしょう?」と言わんばかりに、文法的にはめちゃくちゃなまま会話をどんどん進めていきます。でも彼が伝えようとしていることを私はきちんと理解できていました

そして思ったのです。「そうか、文法的な正しさにこだわらなくてもいいんだ。それより大事なのは相手に伝わるかどうかであって、伝わりさえすればある意味文法はどうでも

いいのだ」と。

それに気づいたときに肩の荷がすっと下りた気がしました。文法的な正確さという枷を外すことができたのです。

よく考えてみれば、たいていの人は、外国人が日本語を話すときに多少の間違いがあっても、意味さえわかればいちいち指摘はしません。会話を途中で止めてまで「そこは違っているよ」などとは言いません。自分の伝えたいことが伝わりさえすれば問題はないのです。

この気づきがあってから、やたらに文法にこだわることなく英語を話せるようになりました。


自分のアウトプットに対する他者の反応の中にも気づきはありますが、このようにアウトプットすることによって自分自身が気づけるものも多くあるのです。そしてアウトプットし、体感して気づいたものは自分の財産になります。体感したものは腹に落ち、自分の「地肉」となる。これもアウトプットすることの大きな価値のひとつでしょう。

アウトプットするからこそできる発見と「腹落ち」は、決してインプットだけでは得られないものなのです。

ヒント

ルールを守ることより伝わるかどうかを重視する。

アウトプットすると応援者が現れる

自分の考えや思いをアウトプットすると、応援者が現れる――。
これもアウトプットすることの大きな価値のひとつです。

高校生のときに多くの生徒を巻き込む大喧嘩をしてしまったことで、学校の先生からは「事件を起こした塚本。ダメな奴」というレッテルを貼られてしまいました。未熟な高校生なりに思うところが色々とあったものの、当時、多くの先生は私の話を真剣には聞いてくれませんでした。

そんな中で唯一気さくに話してくれたのが、英語の男性教師であるD先生でした。彼は日本人とカナダ人のハーフで年齢は当時で30代。カナダで生まれ育ったため日本語はあまり得意ではありませんでした。

私は電車と徒歩で約1時間半かけてその高校に通っていたのですが、通学の電車でD先生と一緒の時間になることが多く、よく先生から話し掛けてくれました。

「高校生活を楽しんでいる?」「毎日どんなことを考えているの?」などとたわいもない会

話でしたが、私は徐々にD先生に心を開いていきました。

そしてあるとき、「理不尽な校則がどうしても許せない」と先生に打ち明けたのです。その高校は、校則が本当に厳しく、とくに身だしなみをかなり厳しくチェックされました。髪型は、男子は「短髪」、女子はショートカットが基本で、色も定点観測されます。髪が少しでも規則より長かったり、色がついていると「今すぐ切ってこい！」と怒鳴られるのです。今ならきっと「ブラック校則」と呼ばれているでしょう。

ある日、私の友人がそのチェックに引っかかりました。その友人は夏の部活動で髪が日に焼けただけだったにもかかわらず、先生に「染めた」と決めつけられ切ってくるように命じられていました。

「こんな校則は厳しすぎる」と、D先生に言うと「確かにそうだよね」と共感してくれました。そしてカナダではそんな校則は聞いたことがない、と話してくれたのです。

友人がそんな状況になった校則をどうしても許せなかった私は、「校長室に抗議をしに行く」と決め、D先生にも話しました。すると先生が「じゃあ、僕も一緒に校長室に行ってあげるよ」と言って実際に来てくれたのです。先生は私と校長先生とのやりとりを見守り、私の話を補い言いたいことがちゃんと伝わるよう手伝ってくれました。一人の高校生にとって、ましてや校長室に抗議に行くという状況の中で、大人の応援者がいたことがどんなに心強かったか。先生にはいまでも感謝しています。

このように、自分の思いをアウトプットすると応援者が現れます。私の経験でいうと、その出現率はかなり高い。ですからとにかく声に出してみるというのはとても大事なのです。

● 身近な人に本音の打ち明けてみる。

応援者がいるからこそ結果を出せる

何かを成功させたいと思ったとき、応援者がいると、その力は絶大です。

ケンブリッジ大学・大学院への入学の際にも、私には応援者がいました。

大学卒業後に海外の大学院に留学しようと決めた背景には、英語のＤ先生の存在がありました。

通学途中にＤ先生とさまざまな話をするなかで、私は生き方というのはひとつだけでなく、自分が生きる世界は「今目の前に広がるここだけではないのだ」と感じていました。世界は広く、別の場所へ行けばいくつもの違う生き方があることをＤ先生は教えてくれたのです。

じつは大学3年生のとき、海外留学を決める前は、大学卒業後はお寺に修行に行こうと思っていました。当時、瀬戸内寂聴さんの本を読み「無心になること」の大切さを知りました。それまでの自分を振り返り、一度、自分のことを誰も知らない世界に行き、ゼロから何かを築きたいと思ったのです。

「お寺で修行したい」

親にこう告げその理由を説明すると、親は唖然とし、しかししばらくすると真剣な顔で「頼むから、もう少し別の道を考えてみてほしい」と言いました。

今ならこのときの親の気持ちが少しわかります(笑)。でも当時の私は本気で、しかし「別の道を」と言う親の本気度もわからなくもなく、もう一度他に道はないかを考えてみることにしたのです。

このとき思い出したのが中学時代のD先生の存在でした。D先生が教えてくれた「世界は広い、今自分がいるここだけが世界ではない」ということでした。そして、「そうだ海外留学という方法がある！　誰も自分を知らない世界でゼロから何かを築ける環境がそこにはきっとある」と考えたのです。

そこからまた親を説得し、親が納得するまでは紆余曲折ありましたが、とにかく海外留学に向けての準備が始まりました。

結果から言えばケンブリッジ大学の大学院に留学したのですが、日本にいるときからケンブリッジをめざしていたわけではありません。まずはイギリスのケンブリッジにある予備校のような語学学校に通いました。そこで一年間、大学院入試のための英語、論文、面接などの準備をするのです。また大学院で専門分野を学ぶためには必須の統計学の基礎やプレゼンテーション、ディスカッションなどの勉強もそこで行いました。ここで試験勉強を進めながら、学校のスタッフと相談し志望の大学院を絞っていくのです。

そこで出会ったのが、ディレクターという立場で学生をサポートする恩師のミックでした。

彼はいわば受験生の伴走者のような存在。大学院入学への熱意がある学生に対しては徹底的なサポートをしてくれる人でした。

志望校を絞り込む時期となり、私は何としてもケンブリッジ大学の大学院に入りたいと思うようになっていました。でも周囲の友人や知人、学校のスタッフなどにそのことを話すと、考え直したほうがいいという意見が大半でした。

ケンブリッジ大学は、イギリス国内ではオックスフォード大学と並んで常にランキングでトップに位置する名門校です。ノーベル受賞者も数多く出ており、世界大学ランキングでも、アメリカのハーバード大学などと並びこちらも常にトップクラス。

「そんなすごい大学の院に本気で入れると思っているの？」というのが友人らの本音だっ

たでしょう。

そんな中で、「亮が本気でケンブリッジに入りたいと思うのなら、誰が何と言おうとやろうよ。一緒に入学を目指そうよ。そのために僕がいるんだから」と言ってくれたのがミックでした。

そして実際、常に私を励まし、それでも落ち込むときがあると「どうしてそう思うのか？」「本当はどうしたいと思っているのか？」などの質問を投げかけ、じっくり議論してくれて、またがんばってみようと思う気持ちにさせてくれました。ケンブリッジ大学の見学の手配や、勉強方法の指導など実務的な部分も誠意をもってやってくれました。彼の存在が大きな安心感となって、私を支えたのです。

決して大袈裟ではなく、ミックがいたからこそ私はケンブリッジ大学に入ることができました。


私は基本「人が自分一人でできることは本当に限られている」と思っています。だからこそ、自分の思いや考え、願いを声に出して言うことが大切。一人ではできなくても、応援者がいれば成し遂げられることはたくさんあります。

自分の考えを声に出して言えば、反対意見を言われる可能性ももちろんあります。反対意見が大半を占める場合もあるかもしれません。でも一方で、必ずと言っていいほど共感し、応援してくれる人が出てきます。自分にとってのプラス意見はマイナス意見の中に埋れがちですが、でも必ず自分の味方になってくれる人はいる。

そんな応援者がいるからこそ、人は結果を出せるのだと思います。自分一人だけではがんばれそうにない場面でも、「あの人が応援してくれるからもう少しがんばってみよう」と思える。応援者があなたの力となるのです。

そしてそんな応援者を作る方法は、「自分の思いを言葉にして出す」というとてもシンプルなアウトプットなのです。

ヒント● 応援者の存在を自分の力に変える。

第2章

とにかく
アウトプットを
始めよう

「PDCAサイクル」はDから始める

序章でお伝えしたとおり、アウトプットすることのもっとも大きな意義は「自分の価値、可能性を見つけること」だと私は考えています。といってもアウトプットすることの意義はほかにもいくつもあり、それを第1章で私の経験を基に紹介してきました。

アウトプットすることの意義がわかったら次はぜひ実行に移してほしいのですが、とはいえ「でも何から始めたらよいのかわからない」「実行に移したいけれど、勇気がない、そのためのお金もない、時間もない！」などとあなたは思っているかもしれません。

そこで本章では、アウトプットをスタートさせるコツやヒントを紹介していきます。

早速ひとつめのコツですが、それは「PDCAサイクル」のDから始める、ということ。

「PDCAサイクル」はご存知の方も多いかもしれませんが、アメリカの統計学者ウィリアム・エドワーズ・デミング氏が提唱したフレームワークで、「P（Plan：目標設定・計画）→D（Do：計画の実行）→C（Check：実行した内容の評価、検証）→A（Action：改善などの検討）」をひとつのサイクルとして循環を続けることで、業務の改善を図るというもの。

「ＰＤＣＡサイクル」は仕事に限らず、目標達成ための行動や学習方法の改善などでも応用でき、無意識のうちにこのサイクルを回している人もいるでしょう。

「ＰＤＣＡサイクル」は、一般的には「Ｐ（Ｐｌａｎ：目標設定・計画）」からスタートしますが、アウトプットをすぐやろうと思うのなら「Ｄ（Ｄｏ：計画の実行）」から始めるのがコツです。

なぜなら「Ｐ」から始めると、いつまでも「Ｐ」にとどまってしまい、なかなか「Ｄ」に進めなくなってしまうから。綿密に計画を立てることより、まずできることからスタートさせるのです。

ヒント **計画を立てる前に、できることにまず手をつける。**

インプットではなく、アウトプットから始める

これは「インプットよりアウトプットから始める」と言い換えることもできます。

何かを始めようとするとき、まずはインプットに着手する人は多い。「あ、これをやりたい」と思うと、何よりもまずスマホを取り出してそれについての検索を始めてしまうのです。

もちろん事前に情報を調べることで効率的にそれを実行できる場合もあります。しかし、インプットがアウトプットの妨げになってしまう場合も多々あります。

たとえばあなたがジョギングを始めたいと思ったとしましょう。

ネットを覗けば無数のジョギング情報にアクセスできます。そこにはあなたのジョギングスタートを後押しするような情報もありますが、なかにはあなたの足を引っ張る情報もあります。色々調べていくと、たとえば「ジョギングのしすぎは健康を害する」といったものも出てきます。ほかの情報も合わせてしっかり読み込んでいけば、それは「ある一定の年齢以降で、一週間に30～40キロ以上を時速12キロメートル以上で走る人」といった条件がついていることがわかります。さらにこの研究結果にはさまざまな反論があることも

わかります。

しかし「ジョギングのしすぎは健康を害する」という部分だけを鵜呑みにした人のなかには、「やっぱりやめておこうかな」と思ってしまう人も出てくるでしょう。人はやらなくてもいい理由が見つかると、ついそっちに引っ張られてしまいます。アウトプットへの熱が急速に冷えてしまうのです。


そもそも情報はナマモノなので、その情報に触れた時点ですでに「消費期限」を過ぎている場合もあります。また情報には、一部に関するもので全体を指すものではないものもあります。

先日の韓国旅行はそれを実感するものでした。当時は、連日のように日韓関係の悪化が報道されているときでした。友人や知人に韓国旅行に行く予定だと話すと、「今は反日感情が強まっていて危ないから行かない方がいいのでは?」とアドバイスをくれる人もいました。

しかし実際に私が韓国に行き、現地の人と接して感じたのはまったく逆のもの。現地の方の多くがとてもフレンドリーに接してくれたのです。

普段、私は知らない土地を訪れると、もっぱらグーグルマップを頼りに歩きます。しかし韓国ではそのグーグルマップがうまく機能せず、道に迷いました。スーツケースを持ちながら道端で困っていると、中年のおじさんが「どうしたの？」と声をかけてくれ、住所を見せると、身振り手振りで丁寧に案内してくれました。

ソウル市内の駅で迷ったときには、売店のおばさんが韓国語が通じないとわかりつつも、一生懸命説明してくれました。私がそこで受けた印象は、日本で聞いていた情報とはまるで違ったのです。

同じ時期に韓国旅行を取りやめた人は少なくないでしょう。

もちろん海外旅行の場合などには、身の安全に関する情報を入念に調べることは重要です。

しかしときに、インプットのしすぎがアウトプットを止めてしまうことは覚えておきたいものです。

そして身の安全に関わることでなければ、「常識内でまず始めてしまう」というのがアウトプットを行うコツのひとつです。

ジョギングなら、まず走ってみればいいのです。走る距離や速度、格好や時間帯など気にせずとにかく走ってみて、疲れたらやめればいい。

実際にアウトプットをすると、そこには自分なりの発見が無数にあります。また、「どうしたら疲れないように走れるようになるだろうか」「もっと走りやすい靴はないか」といった疑問も出てくるでしょう。

インプットはそこから始めればいいのです。アウトプットをきっかけにしたインプットは、次のアウトプットにつながります。

また「一週間に30〜40キロ以上を時速12キロメートルで走るのは並大抵のことではない」といったことも実感するでしょう。アウトプットしてみることで、インプットだけでは見えてこない「実際」がわかるのです。

ヒント● **インプットより先にアウトプットを始める。**

「先を行く人」の真似から始める

アウトプットはとにかく始めることが肝心ですが、「どうやればいいのかがわからない」という場合もあるでしょう。

そんなときは人にやり方を聞いてしまうのがてっとり早い方法です。自分がやりたいと思っていることをすでにやっている人、「あんな風になりたい」と思っている人など、自分の一歩も二歩も先行く人にやり方を聞くのです。

私が高校生のときに勉強に目覚めたのも、勉強ができるクラスメイトにやり方を聞いたのがきっかけでした。

高校で大喧嘩をし二週間の停学処分を受けたとき、いよいよ自分もここまで落ちてしまったかと情けなくなりました。停学が開けてこれまでと同じような態度で生活していたらおそらく退学になる、「塚本は変わった」と客観的に思われるような自分にならなければ……。そのためには勉強をしよう、成績を伸ばして変わったことを周囲に示そうと思いました。

ところが勉強のやり方がわかりません。それまで授業はろくに先生の話を聞かず、ノートもぐちゃぐちゃ。何から手をつけていいのかさっぱり見当がつかなかったのです。

そこで成績のよい友達にどうしたらテストで点を取れるのかを聞きました。すると「とりあえず大事なところを覚えてみろよ」とノートを貸してくれたのです。

そもそも勉強嫌いの生徒が多い学校だったので、先生は授業中に「ここは重要」「ここはテストに出る」と強調してくれていました。まじめに授業を受けていなかった私には知る由もなかったのですが、友達のノートにはその痕跡がきちんと残されており重要箇所にはマーカーが引かれていました。私はそのマーカーの箇所を片端から覚えていきました。

するとそのままテストに同じ問題が出てスルスルと解け、点数が取れたのです。

このとき、そうか、自分はこれまでやり方を知らなかっただけなのだと気付きました。やり方さえわかればもっとできるようになるかもしれない、とも思いました。

そしてさらに友達に勉強の方法を聞き、自分でも色々な工夫をしていくうちに、周囲も驚くくらい成績が伸びていったのです。

こうなると勉強は断然楽しくなります。その友達と「今度はアイツを抜いてやろうぜ」と一層張り切り、競争の中身が喧嘩から勉強に変わりました。

自分が変わっていることを実感しながら、私はきっとこれは勉強に限ったことではないはずだと思いました。何事もやり方さえわかればきっとできる、できるかできないかは、頭の良し悪しや素質よりも「やり方を知っているかどうか」に大きく左右される、やり方さえ知ればもっともっと自分の可能性が広がるはず！　と確信したのです。

このときの思いはその後も、そして今も変わりません。

ですから大学の上位校に入ってやろうと決めたときも、海外の大学院に留学しようと決めたときにも、起業のときもまずはその「やり方」を知ることから始めました。今も新事業を始めるときは、最初に「やり方」を考えます。

何から始めていいのかさっぱりわからず、立ち止まってしまうようなら、まずは先を行く人の真似をすればいいと思います。「今すぐできる有益なことは何か」を聞いてしまってもいいでしょう。その人の経験のなかで培われた、経験者ならではのアドバイスがきっともらえるはずです。

まずはそこから始めるのです。

ヒント

すでにできている人の真似をする。

自力のインプットは「10分ルール」を厳守する

誰かにやり方を聞きたいと思っても、何を質問すればよいかすらもわからないという場合もあるでしょう。

やりたいこと、めざすことの背景が漠然としすぎていると、「自分は何がわからないのかもわからない」状態になります。だからといってその背景を知るために地道にインプットを続けるのは、アウトプットを遠ざけます。

そこで私は、原則として「10分は自力でとことん調べる！　でもそれ以上はやらずにだれかに聞く」と決めています。この方がアウトプットまでの時間が断然短くなります。「すぐやる人」になれるのです。

以前、仕事関係の方にゴルフに誘われました。お誘いを受けたものの、それまでゴルフ経験は一切なかったためゴルフ道具を買い揃えるところから始めなければなりませんでした。

しかし何を買えばいいのかさっぱりわからなかったのでネットで調べましたが、一層混乱しました。とにかく情報が多すぎるのです。ゴルフ初心者の私に必要な情報がどれなのか、あったとしても適確な情報なのかの判断ができません。スポーツショップが発信している情報なら、発信側に必要以上に買わせようという心理が働いていないとも限らない。そんなことを考えるとますますわからなくなりました。

ネット検索は10分で切り上げ、ゴルフをやっている後輩に「まずは何を買えばいいのか」を電話で聞きました。

すると、「ゴルフクラブは最初から全部揃える必要はないですよ。○○と○○、○番と○番があれば十分だと思います。クラブはグリップの部分が柔らかいものと硬いものがありますが、僕は硬い方を使っていますから塚本さんも同じでいいんじゃないですか」といった具合にスルスルと適確なアドバイスをくれました。そしてゴルフショップへ急行です。

高校生のときの勉強法もそうでしたが、私は基本、詳しい人に方法を聞いたらまずはその方法をやってみます。

実際にやってみて、自分はこうした方がやりやすい、自分はこっちの方がいいという発見があったら変えていけばいいと思っています。

やり直しはいつでもできます。自分なりのカスタマイズもいつでもできます。そう考えればスタートも切りやすくなります。

実際にやってみて初めて見えるものがあります。その発見をするには、自力のインプットは早々に切り上げ、詳しい人に聞いてみるのが大事です。

ヒント **詳しい人に連絡して聞く。**

どんな反応も基本は好意的に受け止める

最近のアウトプットの「場」といえば、ツイッターやインスタグラム、フェイスブックなどのSNSをイメージするかもしれません。

SNSで自分が何者であるかを発信していくことは、自分の可能性を広げるという意義があると私は思っています。

SNSは、何もしなかったら出会えないであろう人たちとつながることができます。付き合う人が変われば、自分の知らない世界を知ることになり、それまでになかった価値観を自分の中に取り込むこともできる。自分の世界がどんどん広がっていくのです。

ですから私は積極的にSNSで発信しています。

ところであなたはSNSでの反応を怖いと思っていませんか。発信したらよくない反応があるのではないか、否定されるのではないか、責められるのではないかなどと思い、ゆえにSNSではなかなか発信できないといったことがないでしょうか。

私はツイッター、インスタグラム、フェイスブックのアカウントをもっていて、それぞれで発信を行っていますが、ときどき嫌な反応をされることがあります。攻撃的なメッセージを受ける場合もあります。酷いメッセージに腹を立てずにいられないときもあります。しかしすべての反応は基本的に好意的に受け止めます。

なぜならポジティブなものでもネガティブなものでも、反応をしてくれるというのは自分の「声」が相手に届いた証拠だから。その人のなかに自分が存在した証拠だからです。しかも相手は限りある時間のなかでわざわざエネルギーを使ってメッセージを返してくれたわけです。それは私がその人に何かしらの影響を与えられたからだと思うのです。ひとまず投げたボールを返してくれたのですから、無関心、無反応より何倍もいいと考えます。

そもそも人は、自分で気にしているほど他人のことをいちいち覚えていません。

最近あなたの友人や知人で何かを失敗した人はいるでしょうか？

「あーあ、やっちゃったな」「あんなことをしてしまって、あれは恥ずかしいな」とあなたが思うようなことがあったでしょうか。

結構考えても意外と思い当たらないと思いませんか。自分のことならいくつか思い出せるかもしれませんが、ほかの人の失敗は案外なかなか思い出せない。

それはＳＮＳでの発信も同じで、人は他人の言葉を一つひとつ、いちいちいつまでも覚えてはいないでしょう。

もちろん他人の誹謗・中傷、差別的な発言は論外ですが、そうでなければ反応を気にせずどんどん発信した方がいいでしょう。一歩踏み出して投げてみないと、それが何になるかはわからないからです。そのアウトプットが思いがけない可能性を広げてくれるかもしれないからです。

「扉」をしっかり締めてしまえば、余計な不法侵入を防げるかもしれません。傷つかずにすむかもしれません。しかしそれは同時に、可能性に満ちた新しい世界につながる「扉」も締めてしまっていることになるのです。

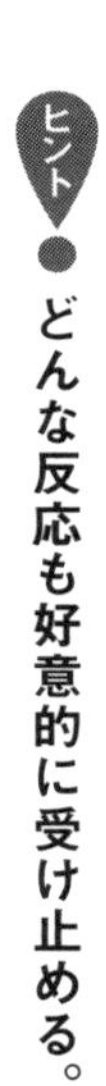

どんな反応も好意的に受け止める。

まずは自分の思いを書いてみる

では、実際私がSNSで発信するときにはどのようにしているかというと、まずは発信しようと思う内容をパソコンやスマホ上で打ったら、一旦手を止め、それをじっと眺めます。個人ラインのやり取りのように、パッパッと打ってすぐに送信していくことはしません。眺めながら、これで真意が伝わるかどうかを確認するのです。「この書き方で誤解を与えてしまわないだろうか」「こう打ったもののこれは本心から出てきたものだろうか、体裁を気にしているだけじゃないだろうか」などと考える。

打ってみたものの、これは何か違うなと思ったら送信を取りやめる場合もあります。

この発信は影響力が大きそうだなと思ったら、一晩寝かせて翌朝改めて考えるときもあります。

ただし基本的には、ここにかける時間はほんのわずかです。しかしこれによって思考整理ができます。自分の頭の中が整理でき、自分の考えや課題などが明確になっていくのです。

これもアウトプットの良さでしょう。自分のなかだけで完結する日記などと違い、他者への公開を前提にするからこそ思考整理ができる。他者にきちんと伝わるようにしようと考えることは、同時に自分の頭の整理になるのです。

また、文章が長くなりそうなときや、自分の考えがうまくまとまっていないときにはペンを使って紙に書き出します。

実はこれも立派なアウトプットのひとつです。

もしあなたがSNSで発信する勇気がないのだとしたら、まずは自分の考えを紙に書き出してみる、スマホのメモ帳に打ち込んでみるのも大事な「一歩」になるはずです。でもそこまでの準備ができたら、ぜひアカウントをとって発信してみてください。この次の一歩が何かにつながっていくはずです。

ちなみに日本ではSNSの棲み分けがなされていて、インスタグラムは10～20代の若者ユーザーが中心、フェイスブックは40代以降のユーザーが中心で比較的閉じられた「空間」、ツイッターはバランスよく全年代のユーザーがいて、その数は約6000万人とその数は「断トツ」という違いがあります。

私はすべてのアカウントをもっていますが、発信する内容によって「拡散性を重視したいからこれはツイッターで」「知り合いに濃いめの情報を流したいからフェイスブックで」というように、そのときどきによって使い分けています。

発信する前に少し考える。

自分の投稿内容の価値を、自分で勝手に決めてしまわない

「SNSで発信といっても何を書いていいのかわからない」という声を聞くこともあります。

発信内容はもちろん人それぞれでいいと思いますが、私の場合は、なるべく自分の中に価値を感じるものだけをアウトプットしようと考えています。自分の価値基準に照らし合わせて「これをオープンにすることは何らかの価値がある」と思うものだけにしています。

ですから、単に「こんなブランド品を買いました」「こんな素敵なレストランに行きました」といった投稿はしません。（そのような投稿全般ではなく）そのような「私の発信」が誰かの価値になるとは思えないからです。

自分の価値基準に照らし合わしたものであれば、自分の発信内容に対する否定的な反応も怖くなくなります。何か反論されたとしても、それは自分と価値基準が違うだけだと思えるからです。

ただしここで気を付けたいのは、自分の考えや思いの価値を低く見積もりすぎてしまわ

ないこと。

あなたは「自分が考えていることなど当たり前すぎて、わざわざ他人に言うまでもない」などと考えていませんか？

自分が置かれている環境や自分の中にあるものを、人は「当たり前」と考えてしまいがちです。でも意外とそんなことはありません。他者から見ると「それはおもしろいね」と思われる可能性は十分あるのです。

私も色々な人と話していると、「えっ？　どうしてその考え方を世の中に出さないのですか?」と思わず言ってしまうことが案外多くあります。そんなとき決まって言われるのが「だってそんなこと普通でしょう？　誰でも考えていることでちっともおもしろくないでしょう?」といった言葉なのです。私は慌てて言います。「いやいや、そんなことありません。ほかで聞いたことなどありませんよ！」と。

それは私が雑誌などの取材を受けるときも同様で、内心「この話は当たり前でそれほどおもしろくないかもしれないな」と思うものに、取材者の方が「それはおもしろいです！」と言って前のめりになってくれる場合もあります。

ですから、自分で「これは価値はない」「これは当たり前すぎる」などと決めつけないのが大事。とにかくアウトプットしてみないと、世の中がどう反応するかはわからないのです。

自分で自分をジャッジしない。

アウトプットは懲りずに続ける

何事も続けることは大事ですが、これはアウトプットも例外ではありません。

第1章で自分の本を出版するために出版社に企画書を送ったことをお伝えしました。その本は『偏差値30でもケンブリッジ卒の人生を変える勉強』というタイトルで出版され、この出版を機に自分から企画書を送らなくても、複数の他の出版社から「次は別の企画でうちで書いてもらえませんか？」というお話をいただけるようになりました。

私のこれまでの著書のなかでもっとも売れたのは『「すぐやる人」と「やれない人」の習慣』（明日香出版社）で、発行部数は25万部（ちなみに出版業界では一般的に10万部以上を発行すると大ベストセラーと言われます）。

この本によって私の名前を知ってくださった方は多く、この本が私が書いた第一冊め、または二、三冊めと思われている方もいるのですが、この本は私の著作7冊めの本でした。

そしてじつはこの一冊の出版が決まる前は、以前には続々とあった出版社からの新企画のオファーが途切れ、もはや自分は本に関しては終わってしまったのかもしれないと、不安と焦りを感じていたのです。

でもそのようなときこそアウトプットです。

先方からの依頼がないのであれば、こちらから提案をすればいい。待っているだけでは何の展開もないかもしれませんが、自ら動けばわずかでも何かが変わる可能性はあります。

そこで再びいくつかの出版社に企画案を出しました。初めて企画を出したときよりは精神的なハードルはずっと低くなっています。

アウトプットの良さはここにもあります。一度「えいっ!」と一歩を踏み出してしまえば、その後のステップは案外楽に進むことができるようになるのです。

結果をいえば、このとき出した企画は形にはなりませんでした。

しかしある出版社の編集者の方からは、別の切り口の企画を提案されました。私が出した企画内容ではその出版社の企画会議に通る可能性は低い、でもこの切り口ならいけそうだ、とおっしゃっていただいたのです。

ただ提案していただいたテーマは、私にはピンとくるものではありませんでした。そのテーマで一冊書ける要素を私はもっていないなと感じたのです。このため結局、この企画も形にはなりませんでした。

形にはならなかったものの、このような新しい出版の可能性もあり得る展開になったのは、私が懲りずに出版企画を提案するというアウトプットをしたからでした。

このように、たとえアウトプットをしたとしても、自分が期待するような反応が起きるとは限りません。無反応の場合すらあるでしょう。

でもアウトプットしなければ、反応は完全にゼロです。ですからアウトプットはとにかく実行することが大事。そして期待するような反応が起きなくてもアウトプットを続けることもまた、同じくらい大事です。

自分から出した企画案が他社でボツになった後にいただいたのが『「すぐやる人」と「やれない人」の習慣』の企画でした。

当時は、正直この本が自分の最後の著書になるかもしれないと思っていました。この本がもし売れなかったら、もうどの出版社もオファーをくれないだろうと思っていたのです。「最後かもしれない」という思いが腹をくくらせたのかもしれません。「最後だから書きたいことを書き切ろう。悔いが残らないようにしよう」と思いながら原稿を書きました。

結果は予想とは真逆になり、ベストセラーになりました。そのおかげで再び、複数の出版社からオファーをいただけるようになったのです。

アウトプットを続けると、本当に思いがけない展開が待っているものです。この思いがけない展開を自分でつくることはできませんが、その可能性を生む「種」を蒔くことは自分でできます。それがアウトプットを地道に続けることなのです。

ヒント **アウトプットはしつこく続ける。**

失敗のない人生なんてつまらない

アウトプットをしようと思っても失敗が怖くて動けない、という場合もあるかもしれません。

たとえば英語をたくさん勉強しても、いざ外国人と話そうとすると「間違ってはいけない」と思ってなかなか言葉が出てこない、という人は大勢います。

失敗するのが怖いというのは、おそらく自意識が強いことが一因でしょう。失敗した自分を受け止めたくない、失敗した自分を認めたくないのです。そして「失敗したら周りから笑われるのではないか」という気持ちが行動を止めてしまうのです。

私が留学準備のアドバイスをしている学生たちのなかにも、失敗を恐れる人が少なくありません。

たとえばよく聞くのは「飲食店に一人で入れない」という話。その理由を聞くと、お店の人に「この人は誰も一緒にご飯を食べてくれる人がいないのか」と思われるのが怖い、というのです。

「お店の人はいちいちそんな風に思っていないだろうし、そんな暇な人生を送っていないよ」と言ってもいまひとつ納得のいかない顔。

そんなときは、やはり「最近、身近でバカみたいな失敗をした人はいる？」と聞いてみます。すると大抵は思い当たらないのです。

他人のＳＮＳでのつぶやきをいちいち覚えていないのと同様に、他人の失敗もまた人はいちいち覚えていない。人にとって他人の失敗はそれほど大事ではないのです。

むしろ私は逆に「失敗の話がひとつもできない人生なんてつまらなくない？」と聞きます。人が興味をもつのは順風満帆な成功話より失敗談でしょう。その失敗をどう捉え、どう乗り越えたかにその人の人間性が出ます。その話を聞いたある人は、その人間性を自分と違っておもしろいと思うだろうし、ある人はそこに自分が生きるヒントを見出すのです。

つまり失敗は格好のネタになるのです。

失敗してもそれはネタになると思えば、少しは気が楽になりませんか。

じつは私もしょっちゅう失敗をします。

先日、イギリスのロンドンに滞在したときにも大きな失敗をしました。

1週間の滞在予定だったため、その間だけ住む家をAirbnbで借りたのです。イギリスでは一般の家でも、通常玄関がオートロックになっています。外出するときにわざわざ鍵を閉めなくてもいいのですが、鍵を忘れると玄関を開けられず入れなくなります。

あるとき、その鍵を忘れて外出してしまったことがありました。夜の10時頃にその家に帰ってきて、いざ玄関の鍵を開けようと思ったら鍵がないことに気づきました。もっていたスマホで急いで大家さんに電話をすると、そこからかなり遠く離れたところに住んでいて、今晩中に鍵を届けることはできないと言われてしまいました。

仕方なくその日はロンドン市内のホテルを予約し、タクシーでホテルに向かいました。スマホの充電の残量もわずかで、途中で残量が0％になってしまったらどうしようとハラハラしながらタクシーに揺られました。

無事にホテルに到着したのですが、部屋に入った後に、今度はスマホがないことに気づいたのです。慌ててフロントに駆け込み、電話を借りてタクシー会社に連絡を取りました。すると、先ほど乗ったタクシーのドライバーにつながり、「あったよ！　今からもっていくよ！」と言い、無事に届けてくれたのです。

失敗のなかには、必ず気づきや学びがあります。

このときつくづく感じたのは、人はこのような非常事態になるとアドレナリンが出て、英語がスラスラ出てくるということ（笑）。「まずい！　何とかしなければ！」と追い込まれると、火事場の馬鹿力のように力が発揮される。それは英語も同じでした。

でもこのようないざというときに力を発揮するには、日頃の蓄積が必要です。

英語の勉強をがんばっている人には、この失敗談と共に「いざとなったら英語がスラスラ出てきますから、地道な勉強は決して無駄ではありませんよ」と伝えます。

ひとつの失敗は、誰かを励ます力にもなるのです。

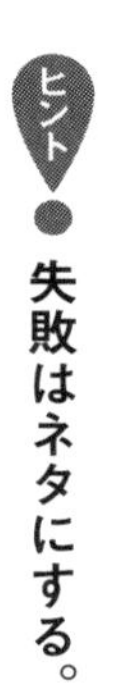

失敗はネタにする。

アウトプット力がお金を生む

何か行動を起こしたいと思っても先立つものがない、という場合もあるでしょう。「お金」という壁がアウトプットを阻むのです。

しかしお金がないときこそアウトプット力は必要といえます。逆の言い方をすれば、アウトプット力がお金を生むのです。

お金がないという「壁」は、私がイギリスへの留学を決めたときにも、大きく立ちはだかりました。

大学院へ入るための語学学校、その後の大学院での授業料は、両方合わせると当時のレートで年間約600万円でした。大学生が自力で準備できる金額ではありません。奨学金も、当時あった制度のなかには、私が選考基準を満たすものがなく期待はできませんでした。

となると、残る「道」は両親、また祖父母に援助をお願いする方法だけです。

まずは両親に相談を持ちかけましたが、大金なだけに簡単に「わかった」とは言ってもらえませんでした。

当時はちょうど就職氷河期と呼ばれる期間の狭間で、大学の先輩たちの就職もかなりスムーズに決まっていました。一部上場企業など、学生たちに人気の企業から内定をもらっている先輩たちも多かったのです。

親にしてみれば、どうしてこのまま就職しないのか、なぜ新卒の時期を逃すというリスクを冒すのかといった疑問だらけの行動。留学費用を出すことはいわば先行投資なので、そこまでして一体どんな価値が生まれるのかと何度も聞かれました。

比較的早く応援側にまわってくれたのは祖父で、「自分でチャレンジしたいと思うならやってみるといい」と言ってくれました。

親はそのうち諦めるだろうと思っていたようですが、私は粘り強く交渉と説得を続け、結局半年程かかって援助をしてもらう約束を取り付けたのです。

やりたいことがあってもお金がないとき、自分でできることのひとつは、この「気持ちのアウトプット」です。

自分は何をしたいのか、それは何のために必要なのか、それをすることによってどんな結果が期待できるのか、どんな価値が生まれるのかをきちんと伝えること。しっかり説明して共感してもらえれば、資金的な援助をしてもらえる可能性は大きくなります。

説得の相手は身内だけとは限りません。最近はクラウドファンディングで資金を集めることもできます。

資金を得られるかどうかはアウトプット力にかかっていると言えるのです。

ヒント　お金が足りなかったら説得の技を磨く。

アイデアで「お金の壁」を乗り越える

何かを始めたいけれど「お金の壁」が目の前に立ちはだかったとき、他者からの援助が期待できなければ、自分でお金を生み出すという方法もあります。

といっても、まずは一生懸命働いてお金を貯めてから新しいことを始めようと思っていたのでは、なかなかスタートは切れません。新しいことは始めつつ、同時に何とかしてお金を稼ぐ方法はないかを考えるのです。

イギリス留学の際、学費は両親と祖父母から援助してもらえることになりましたが、さすがに生活費まで頼るわけにはいきません。住居費、食費、光熱費など生活できる最低限の費用は自分で用意しなければなりませんでした。

大学時代にはアルバイトをしていましたが、そのほとんどは本代に消えていて貯金もない状態。イギリスに出発する寸前までアルバイトをしましたが、そのバイト代は何年も生活できる額ではありませんでした。

つまりイギリスで学校に通い勉強しながらも、同時にお金を稼ぐ方法を考えなければならなかったのです。

インターネット上で勉強の方法を教える事業を始めたことは第1章でお伝えしましたが、じつはその前にネットを使った仕事をもうひとつ始めていました。それはアパレルを中心とした物販事業です。

イギリスには日本ではなかなか見つからないようなデザインの洋服が多く売っており、「これは格好いい！」と思うようなものがあちらこちらのショップに置かれていました。それらを買い集め、ネット上で販売したのです。

今では日本でも多くの企業が海外の商品を取り扱い、ネット上でも簡単に買えるようになりましたが、当時はそうではなかったため商品を売りに出すとおもしろいように売れていきました。

イギリスのショップで売られている商品のなかには、ときどき「女優の◯◯さんが着ています！」「俳優の◯◯さんが買っていきました」といったポスカが貼られているものがあり、私がネット上で販売するときにもそれを「売り」にして販売すると、一層売れ行きがよくなりました。

物販事業といっても、良さそうな服を買ってきてネット上で販売し、購入の申し込みがあったら梱包して発送、代金はクレジットカードで決済するという、今ならメルカリで自分のモノを売る感覚とさほど変わりません。

この仕事なら、いつを作業時間に当てるかは自分で決められます。ちょっとした隙間時間にサイトに商品を追加したり、梱包作業をしたりということができました。

さらにこの事業は開業資金や運転資金もほとんどかかりませんでした。

必要なものは、すでにもっていたパソコン一台。商品である洋服は、自分の部屋に無理なく保管できる量だけを購入しました。

その購入代金はクレジットカードで払います。洋服を購入する時期とカードの決済が行われる時期はズレているので、洋服を購入してからカードの決済がされる間に洋服が売れて現金が入れば決済に困ることはありません。代金を高めに設定すれば、すべての商品が売り切れなくても決済できます。この購入時期と決済時期のズレをうまく使えば、手元にお金がなくても商売ができてしまうのです。

この物販がうまくいったおかげで、イギリス留学中の生活費を稼ぐことができました。

留学中はとにかく課題や予習、復習に追われ時間のない日々でしたが、そんななかでも勉強しながら生活費を稼ぐことができたのです。

ただし、今同じやり方をしても、この商売はそれほどうまくいかないでしょう。当時に比べてネット環境が激変し、ネット上で取り扱われる商品の数は膨大なものになりました。海外の商品も簡単に手に入ります。かつてはあった商品の希少性が薄れてしまい、その分価格設定も低くせざるを得ないからです。

でも今には、今しかできないお金の稼ぎ方がきっとあるはずです。

当時、私がネット上で物販事業を始めるときも、そのやり方やコツを知るために関連書籍を読み、人に聞きました。それらの情報を基に考えていけば、きっと新しいアイデアが湧くはずです。そのアイデアさえあれば、「お金の壁」はいくらでも乗り越えられると思っています。

お金が足りないときは工夫して生み出す。

「時間の壁」は、外圧で乗り越える

何か新しいことを始めようとするとき、お金に並んで「壁」になりがちなのが時間です。今は忙しくてできない、もう少し時間に余裕があればできる……。そんな自分への言い訳をあなたはしたことがないでしょうか。

「時間がない！　でもやるべきこと、やりたいことがたくさんある！」というとき、私は外圧を利用します。自分の時間のなかに、できるだけ「強制的な時間」を増やすのです。私は現在、自分で事業を行なっているため、基本的に会社員の就業時間のような決まった拘束時間がありません。ですから一日二四時間、基本、すべて自分でコントロールできます。

一方で、同時に進めなくてはいけないプロジェクトは二〇以上あり、やるべきことは山のようにあります。原稿の締め切りのように先方によって期限の制限を設けられる場合もありますが、そうでないプロジェクトは自分が動かなければ進みません。二四時間を自由にコントロールできるということは、ともすると期限のないプロジェクトはつい後回しにしてしまい、いつまでも停滞することになりかねない状況を生む可能性があるのです。

そこで外圧がかかる時間を増やします。

具体的には、プロジェクトに関わる人とアポを取り、「会う時間」を決めるのです。

その「会う時間」は、毎月必ず一回、あるいは一ヶ月のうちに数回などとあらかじめ適当に散りばめておきます。

このようにしておけば、その人と会っているときには強制的にそのプロジェクトに関わることをやらざる得なくなります。会うまでには準備が必要な場合もあるので、その人と会う日時が「締め切り」になり、そこにもまた強制的な時間が生まれます。

実際に会って話を詰めていくと新たな課題が出てきて、次に自分がやるべきこと、他の人に頼むべきことなどが具体的に見えてきます。あらかじめ散りばめておいたアポがあると、次に会うときがその課題の締め切りになるのです。

本の原稿を書くときも同じで、担当の編集者の方と定期的にお会いする約束をさせてもらいます。

本の原稿の場合、割とざっくりと「○月末頃までに原稿をください」などと言われることが多いのですが、その期間が数ヶ月や半年あると、これだけあればきっと大丈夫、すぐに手を付けなくてもまあいいかと思いがち。しかし実際にはその数ヶ月や半年はあっという間に経ってしまいます。

結局、自分だけでどうにかしようとするのはとても大変なのです。

そこで、たとえ締め切りは半年後だとしても、「来月末にそこまでにできた原稿をお送りしますので、一回会ってくれませんか」とお願いします。

実際にお会いすれば原稿のフィードバックや次のアイデア、ヒントなどをもらえるので、続きの原稿が書きやすくなります。

お会いするまでの約一ヶ月間でもし何も書けなかったら「なぜ書けないか」を一緒に考えてもらいます。すると「ああ、そうか」と簡単に解決する場合もあるのです。

本当の締め切りまでに、何度も担当者とお会いする「小さな締め切り」を設けることで、どんなに忙しくても原稿を書き進めることができるのです。

このとき、完璧主義を捨てることもとても大事でしょう。

自分一人で完璧をめざそうとすると、物事はなかなか前には進みません。しかも一人でできることはたかが知れています。自分一人では視野も狭まってしまいます。そこでほかの人の力を借りて、新しい視点を入れてもらいます。良い部分は「良い」と言ってもらい、改善するべきところは「ここは悪い」と言ってもらう。もちろんその意見がすべてではないので、議論を重ねていきます。

こうして出来上がるものは、完璧主義を貫いて自分一人だけで作ったものよりも何倍も良いものに仕上がる可能性が高いのです。

とくに期限が決まっていない新しいことというのも、同じような状況になりがちです。たとえば「ダイエットをしたい」「英語の勉強をしたい」「〇〇の資格を取りたい」「趣味で〇〇を習いたい」などと思いながら、結局何年も一歩も先に進んでいないということはないでしょうか。このような場合も、たとえばスクールの体験をも申し込んでしまう、とにかく友人と一緒にスポーツクラブに行く日やジョギングする日を決めてしまうというように「外圧」を利用するとスムーズにスタートできます。

ヒント

完璧主義を捨て、人を頼る。

「アウェイ感」を感じるのは、新しい世界に足を踏み入れた証拠

何か新しいことを始めるとき、同時に新しいコミュニティに参加しなければならないときがありますね。留学や転職、グループワークのあるセミナーや勉強会への参加、ボランティア活動など、新しいコミュニティに参加する場面は意外と多くあります。

自分のことを知っている人が誰もいない、また自分もほかの人を一人も知らない。そんなコミュニティに参加するのはちょっとした勇気がいります。その勇気がなくて新しいことがなかなか始められない、ということがあなたにはないでしょうか。

先日、そんな「アウェイ感」たっぷりの、ある著名な方のホームパーティーに招待されて行ってきました。

その方は、たまたま読んだ私の著書を気に入ってくださり、それをきっかけにしてラジオ番組に私をゲストとして呼んでくださいました。その収録日の後ご連絡をいただき、「よかったらいらっしゃいませんか」とお誘いくださったのです。

その方に実際にお会いしたのは、ラジオの収録時の一度きり。しかもその方のホームパー

ティーといえば、招待客はきっと華やかな方が多いだろうと想像できました。

その場に出向くのは度胸が必要でしたが、お邪魔させていただくことにしたのです。

実際に参加したパーティーは、予想通り完全に場違いな感じでした。招待客は１００人以上はいましたが、ほぼ知らない方ばかり。しかも私以外の方たちは、お互いをよく知っているようで親しげに会話をしています。そんな中に一人ポツンと身を置くのは、最初は心地悪くて仕方がありませんでした。

でもじつは、この居心地の悪い感じが私は大好きなのです。

なぜなら、それは自分が知らない世界に触れた瞬間だから。嫌な感じがするのは、自分が馴染んでいない世界に足を踏み入れていること、新しい世界を見ているという証拠だからです。

そしてまた、居心地が悪いのは自分のことを知らない人が多いからであって、それは逆に考えれば、その方たちに自分のことを知ってもらうチャンスがそこにあるということ。

今後も私は色々な活動をしていきたいと思っていますが、そのためには、多くの方に協力してもらう必要があります。自分一人だけでできることはほとんどないと考えています。だとすれば、この心地悪い場は自分を知ってもらうチャンスの場となるのです。居心地が悪ければ悪いほど、それは大きなチャンスの場。

ですから最初は心地悪いと思っていても、話しやすそうな人、気さくな人を見つけて自分から積極的に話していきます。グラスが空になっている方がいたら「初めまして。飲み物はどうですか」などと声をかけます。

幸い、このときのパーティーには外国人のゲストが何人かいて助かりました。彼らにとってパーティーに参加している人は、互いにフラットな関係。友人のように誰とでも話さないと、逆にその場の雰囲気を壊してしまうので失礼という感覚があります。そこでまずは外国人の輪へ飛び込んでいき、他の人を紹介してもらうなどしました。このようにして、自分の中にある違和感をどんどん打ち崩していくのです。

私が新しいコミュニティで感じる居心地の悪さが好きなのは、そこに自分を知ってもらうチャンスがあるだけではありません。その先におもしろい何かが待っていて、思いがけない展開になる可能性があるからです。そして実際、そんな思いがけない展開になった体験をいくつかしてきました。

ですからあなたも「アウェイ感」を恐れずに、どんどん新しい世界に足を踏み入れてほしいのです。

ヒント● **居心地の悪い新しいコミュニティに顔を出す。**

第3章

アウトプットの質を高めるには?

質の良いアウトプットは良い連鎖をしていく

女子サッカーチーム「バニーズ京都SC」の理事。これは現在の、私の肩書きのひとつです。スポーツには、世の中にまだまだ注目されていない価値と可能性があると信じている私にとって、この仕事はやりがいに満ちています。

ではなぜ私がこの仕事をやらせてもらえるようになったのかいえば、それもアウトプットの結果でした。

同チームの会長と別の仕事で打ち合わせをしていたとき、不意に「塚本君はこの先やってみたいことはあるの?」と尋ねられたのです。私は咄嗟に「スポーツ事業です。なかでもサッカー事業がしたいです」と口にしました。すると、「バニーズの理事やってみる?」とその場で仰ってくださったのです。突然の話に心底驚きましたが、私は「ぜひ、やらせてください!」と即答。こうして、急展開で理事就任が決まったのです。

女子サッカーチームには、地域・社会のためになるような価値と可能性がまだまだあります。そこに関われることはとても嬉しいですし、今後も積極的に活動をしていきたいと思っています。

このように、自分の思いを話すなどのアウトプットを繰り返していると、思いがけずプラスの展開になっていく場合があります。

また私が代表を務める会社の英語教育に関する事業では、そのひとつに、日本の大学における英語カリキュラムのコンサルティングがあります。

この事業がどのように始まったか、その軌跡をざっくりと辿ってみると「ケンブリッジ大学・大学院に合格 → ネット上で英語教育の事業をスタート → ケンブリッジ大学・大学院卒業 → 帰国後数年後に英語の事業を本格化 → 事業の一環として大学における英語カリキュラムのコンサルティングをスタート」となるのです。

これもまた、アウトプットを繰り返した結果でした。

このように、アウトプットは次のアウトプットのきっかけを呼び、さらにアウトプットを続けていくとおもしろい展開になります。アウトプットが良い連鎖をしていくのです。

といっても、私の経験でもすべてのアウトプットがうまくつながっていったわけではありませんでした。

うまくつながっていったアウトプットとそうではないアウトプットは何が違ったのかといえば、それはおそらく質です。同じアウトプットでも、良い連鎖をしていくものは質が良く、うまくつながっていかないものは質が悪いのです。


では質の良いアウトプットをするにはどうすればよいのか――。


本章ではこのヒントをお伝えしていきます。

ただし質を求めるあまり、なかなか動き出さないというのは本末転倒です。

量をこなしていくことで自然と質も高まります。

本章でお伝えするアウトプットの質を高める努力は、ぜひ実際にアウトプットを続けながら挑戦してみてください！

質の高いアウトプットをめざす。

最初はとにかく何でもやってみる

最初はとにかく何でも一生懸命やってみる――。

アウトプットの質を高めるために、まずやるべきなのがこれです。

やってみたところでどうなるのか、自分のためになるのかならないのか、得をするのか損をするのかまったくわからなくても、とにかく一生懸命にやってみる。実際にアウトプットをしてみることで初めて見えるものがあり、その気付きの繰り返しがアウトプットの質を高めていきます。

私も事業を始めて間もない頃は、とにかく何でもやりました。

英語事業本格化させたときも同じで、そのひとつが翻訳です。

あるとき、ある企業の方から「うちの会社で使うビジネス文書の英訳をやってくれませんか?」とお声がけいただきました。

それまで翻訳の仕事の経験はありませんでしたが、「何でもやってみよう」という気持ちと、ケンブリッジ大学での膨大な英語資料の読み込み、それを元にレポートや論文をいくつも書いてきた経験から「きっとできるだろう」という自負もあり、「ぜひやらせてください！」と答えました。

引き受けたものの、まず困ったのは値決めでした。

分量はA４サイズの用紙に書かれた英文が数枚分。先方からは「ひとまずお見積もりを出してください」と言われたのですが、実際にどれくらいの作業時間がかかるのかの見当がまったくつかなかったのです。

結果から言うと、このとき出した見積額は「激安」のものとなりました。実際に業務に取りかかってみると、予想した作業時間の何倍もの時間がかかってしまったからです。

業務に取りかかる前までは、ビジネス文書の翻訳の仕事を単なる「言葉の置き換え」と捉えていたところがありました。日本語を正確に英語に置き換えれば、それで英訳文書は出来上がると思っていたのです。

しかし実際はそんなことはありません。

たとえば「部長」という日本語を単純に英訳すれば「Ｍａｎａｇｅｒ」となります。「Ｍａｎａｇｅｒ」と訳すことが正確な翻訳となる場合もありますが、そうでない場合もあります。なぜなら英語圏では「肩書き」にさまざまな表記があるため。このとき仕事を引き受けた企業は、海外に複数の支社があり、英訳された文書は各支社へと送られる予定でした。そしてその各支社によって、使われている表記はバラバラでした。日本語では同じ「部長」でも、その表記は「Manager」「Director」「Head of Department」「Head of a Section」などといくつもあったのです。

つまり文書を正確に英訳するには、各支社がどのような肩書きを使っているかを確認してもらう必要がありました。

またこの企業は電子系のメーカーで、文書内には専門用語が山ほど出てきました。その一つひとつの意味を調べ、全体の業務内容を把握しなければ、到底正確な英訳とはなりませんでした。

このとき学んだのは、翻訳は単なる言葉の置き換えではないということでした。

また、文書の翻訳で重要なのは「この文書は誰に向かって何のために作られたものなのか」を把握することだ、ということも。

そもそもビジネス文書はビジネスを良くするために作られますが、その存在意義を見極め、その存在価値を最大限に発揮できるような英訳をしてこそ「翻訳」なのだ、と知ったのです。

そして、今後もし翻訳の仕事が来たとしたら、依頼してくれた人のビジネスのプラスになるような仕事を自分はしていこうと決めました。


現在もその姿勢で翻訳事業を続けています。

翻訳を依頼されると、まずは依頼者の方とコミュニケーションをとり、その文書は誰に向けたもので何の目的で使うのかを聞きます。

すると先方が日本語で用意した文書が最適とは限らない場合も出てきます。この部分はいらないのではないか、むしろ別の内容を入れた方が効果的なのではと思うような箇所が見えてくるのです。

ディスカッションを重ね、まずは日本語でその文書が最大限に生きるような内容にしてから英訳に取りかかります。

このようにすると、単なる翻訳ではない価値を提供できます。結果、お客様から「資料を先方に渡したらスムーズに話が進みました」「早速発注がありました」などの反応をいただけるのです。

翻訳に関して現在のような取り組みが出来るようになったきっかけは、とにかく最初の翻訳の仕事を受けてみたことでした。そして「見積もりで出した金額と作業時間は見合うか？」などと考えずに、一心不乱に取り組んでみたことでした。

そのとき得た金銭的メリットは少ないものでしたが、同時に、お金では換算できないもの、また後々大きな金銭的メリットにもなり得る大きなものを掴むことができたのです。

ですからとにかく最初は何でも、そして一生懸命に取り組むことが大事。

今でも新しい何かに取り組むとき、私はこのことを肝に銘じています。

ヒント● **最初はとにかく何でもやってみる。**

アウトプットを振り返る

アウトプットをしたらそれを振り返り、得たもの、気づいたもの、学んだものを自分の言葉でまとめておく。

これがアウトプットの質を高めるコツのひとつです。

同じ行動をしたとしても、それが価値あるものになるかどうかは振り返りにかかっている、といえるのです。

以前、密輸の容疑で拘束されている外国人の通訳を何度かやったことがありました。「最初はとにかく何でもやった」ということは前項でお伝えしましたが、この仕事もそのうちのひとつです。

あるとき知り合いの弁護士から電話があり、「急で申し訳ないけれど、今日の午後、通訳をしてほしい」と頼まれたことがありました。

詳しく聞けば、国際空港で密輸容疑によって逮捕された外国人の弁護をすることになり、その外国人の通訳を私にしてほしいというのです。

そんな状況での通訳はもちろん初めてでしたが、その日たまたま時間があり、「最初はとにかく何でもやる」と決めていた私は「ぜひやらせてください」と言って電話を切りました。

通訳をする場所は関西国際空港で、会社からはバスで約2時間の距離でした。この道中に、日本で密輸の容疑で捕まった人はどのような経緯をたどるのが一般的なのか、拘束期間はどれくらいで審理はどのように行われるのかなどについて必死に調べました。また必要となりそうな専門用語も片っ端から頭に入れていきました。

そしていざ、容疑者である外国人と弁護士の通訳に挑んだのです。

結局この密輸に関わる仕事は計五、六回やらせていただき、その度に違う容疑者の外国人の通訳をしましたが、毎回何とも辛いものでした。

法に触れる行為はもちろん許されるものではありませんが、容疑者として拘束され私が通訳をした外国人は、皆貧しい人ばかりでした。母国語は英語ですが、学校にまともに通えていなかったためにむずかしい単語がわからない人もいたのです。

彼らの携帯電話などは当局によって没収され、弁護士は調書を作るために携帯電話に残された通話やメール記録、画像などを確認します。通訳するにあたって私もそれを見るのですが、そこには幼い子どもたちを含んだ家族写真などもたくさんありました。

彼らの話を聞くと、「親玉」のうまい口車に乗せられ騙されたも同然で罪を犯してしまった人もいます。なかには自分や家族の生活のためだけを思っていて、騙されたことすら気づかず、知らないうちに犯罪に手を染めてしまっている人もいました。

そんな彼らに待っているのは、10年間の拘束。成功報酬は日本円でおよそ80万円だったという人もいましたが、彼はもちろんそれを手にすることなく、異国の地で10年間も拘束されなくてはならないのです。

彼らは弁護士との会話になると、「どうして俺を助けてくれないのだ！」などと感情的になり、弁護士は、できることに限りがあることもあって「精一杯やっています」と冷静に答える。そんな両者の間に立つ通訳は、どちらか一方の心に寄り添うわけにもいかないなかで私自身の感情が大きく揺れるという、何とも複雑なものでした。

しかしこの仕事を通じて通訳の本質がわかった気がしました。

通訳もまた、単なる言葉の置き換えでは済まないのです。外国人容疑者がむずかしい単語を理解できなかったように、一方が発した言葉を直訳しても受け手はそれを理解できるとは限りません。

互いが伝えたいことが伝わってこそコミュニケーションは成立します。そのコミュニケーションを成立させるためにいるのが通訳なのです。

話す者の言葉にしっかり耳を傾け、そこに自分の感情や考えは乗せずに、その人が本当に言わんとしていることをつかむ努力をする。その言葉を直訳しても相手に伝わらなそうであれば、言葉を変え、言い回しを変えて、できる限り真意が伝わるような表現にする努力する。それは言葉だけではなく、目線の合わせ方や表情、動作、身振りなどにも及びます。このように、コミュニケーションを成立させるために全力で両者の間に立つのが通訳です。

この経験は、その後のほかの通訳の仕事にも非常に役立つものになりました。

また、将来通訳を希望する学生や、今後世界の貧困問題を研究していきたいと考えている学生などにこの話をすることがあります。それはきっと彼らの役に立つだろう、と思うからです。

このように、ひとつのアウトプットはそれだけで完結するものではなく、次の自分のアウトプットのために役立つものとなり、ほかの誰かの役に立つものにもなり得るのです。

そしてそうなるために大事なのが、アウトプットの振り返りです。

ひとつの経験を単に「おもしろかった」「楽しかった」「辛かった」などの感想で終わらせずに、そこから得たこと、気づいたこと、学んだこと、また失敗した点や反省点などを振り返りまとめておきます。

そのまとめがいずれ価値になります。

同じアウトプットをしてもアウトプットの「やりっ放し」ではそれで終わってしまいますが、振り返り、まとめておくことで価値のあるアウトプットとなるのです。

自分の行動は振り返り、まとめる。

「それは自分にしかできないことか」という視点をもつ

仕事で行き詰まったとき、私はよく「この仕事は自分にしかできないことだろうか？」と考えます。自分にしかできない工夫を取り入れられているだろうか、自分だからこそ生み出せている何かがあるだろうか……。

そして考え抜いた上でその答えが「ノー」であるなら、潔くその仕事をやめてしまい、そこで使っていたエネルギーをほかにまわす場合があります。

この「自分にしかできないことかどうか」にこだわることもまた、アウトプットの質を高めるコツのひとつだと私は考えています。

現在、私が代表を務める会社は英語教育事業を中心にしていますが、イギリスから帰国して数年は輸入ビジネスが中心でした。

前章で、イギリス留学中にネットでアパレルの物販事業を始めたことは書きましたが、このビジネスは好調で、帰国後に改めて本格的な事業としてスタートさせたのです。倉庫を借り、常時5～6人のスタッフを雇い、自社ホームページを作成。自社ホームページでの販売と共に、楽天やヤフーにも出店しました。

留学時のように現地のショップに直接出向くことはできないため、商品はネット上で探します。欧米の良さそうなアパレルメーカーを見つけると、電子版の商品カタログを送ってもらい、商品をチェック。日本でも売れそうな商品を多く扱っている会社だとわかったら商品を卸してもらえないかと交渉し、条件が合ったら契約を結びました。

当時のこの事業はライバルの少ないブルーオーシャンで、売れ行きは爆発的に伸びていきました。

しかし数年経つと市場の状況はガラリと変わります。スマホの普及と並行してネット通販が一気に普及、以前は珍しかった欧米のアパレルメーカーの洋服も多くの企業が取り扱いを開始し、徐々にレッドオーシャン化していきました。

売り上げは頭打ちとなり、ここで何とか踏ん張らないとこの壁を突破することはできない、という状況になりました。このとき考えたのが、「この仕事は自分にしかできない仕事だろうか?」でした。

このときの私の仕事は、簡単に言ってしまえば「売れそうな洋服を見つけて売る」です。よく考えるまでもなく、それは自分にしかできない仕事ではなかったですし、そこに自分なりの工夫があったとはいえませんでした。であるからこそ、その事業はレッドオーシャン化していったのです。

それから間もなくして、私はきっぱりこのアパレルの物販事業から手を引きました。このまま続けても、この事業で自分らしさを発揮できる可能性は少ないと感じたからです。

どんなアウトプットも、やらないよりはやったほうが何倍もいいでしょう。でも同じやるなら、そこに自分らしさを付け加えられないかを考えてみる。自分にしかできないやり方やテーマを考えてみる。そのほうが後々おもしろい展開になる可能性が高いのです。

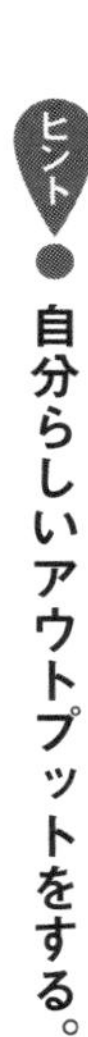

自分らしいアウトプットをする。

「自分らしさ」はアウトプットを積み重ねることで発見する

アパレルの物販事業をスパッとやめた後は、今後は英語教育を中心にやっていこうと決めました。イギリス留学中に立ち上げたネットでの英語教育事業は、帰国後も細々と続けていたので、そこに本腰を入れようと考えたのです。

物販から教育という形態がまるで違うビジネスの移行は最初こそ苦労しましたが、案外早く軌道に乗りました。これはおそらく、そこに独自性があったからでしょう。

イギリスへ留学するには、必ず「IELTS」という語学試験を受け、一定以上の点数を取らなければなりません。

今でこそ「IELTS」の認知度は上がっていますが、私が留学を希望した当時はほとんど知る人がいなく、ゆえに情報も極端に少なく、ネット上ですら有益な情報を見つけるのが困難でした。そしてそれは、私が今後英語教育を中心に進めていこうと考えたときもほぼ同じ状況でした。

しかし当時、日本で「IELTS」を受験する人は約三〇〇〇人いたのです。「IELTS」

の情報がほぼないなかで、逆にそれをきちんとまとめて提供すればこの約三〇〇〇人は自分のお客さんになってくれるだろうと考えました。三〇〇〇人という数は少なかったかもしれませんが、そこは完全に競争相手のいないブルーオーシャンでした。しかもその情報提供は、実際に「IELTS」を受け、ケンブリッジ大学・大学院に合格したという経験をもつ私ならではの独自性を発揮できるはず、と思ったのです。

実際、スタートから間もなくして英語教育のビジネスは波に乗りました。

現在では「IELTS」の受験者は年間で約4万人となり、情報も豊富に出てきてブルーオーシャンとは言えない状況です。

しかし独自性をもった英語教育のビジネスは、一般的な英会話学校とは違うという点で注目を集め、そこから企業研修、大学の英語教育のコンサルティング、講演などさまざまな仕事に派生していったのです。

ですから「これは自分にしかできない」「これは自分ならではの仕事」と思うようなものがあったら、どんどんアウトプットしていくべきでしょう。それは質の高いアウトプットとなり、そこからおもしろい展開が始まっていくからです。

しかしそもそも「自分らしいこと」が何かわからない、「自分にしかできないこと」が見つからないという場合もあるでしょう。

じつはそれもアウトプットを積み重ねることで見えてきます。

「ＩＥＬＴＳ」の情報がほとんどないブルーオーシャンで、私が「ＩＥＬＴＳ」の情報提供者となれたのは、元をたどれば私がイギリス留学というアウトプットをしたからです。

イギリスに留学しようと決めたときには、帰国後は留学先で学んだ語学と心理学の知識を生かしてどこかの企業に就職しようと思っていました。いずれは起業したいと思っていましたが、それがどんな事業で何をするかまではまったく考えていませんでした。つまり計画的に物事を進めてきたわけではなく、アウトプットを積み重ねるうちに、次に進む道が見え、そのなかに「自分にしかできないこと」「自分ならではの仕事」のヒントがありました。

ここまでにお伝えしてきたように、とにかく最初は何でも一生懸命やってみて、そのアウトプットを振り返ることでそのヒントを見つけてきたのです。

つまり、「自分らしさ」はまずやってみることの中にあるのです。

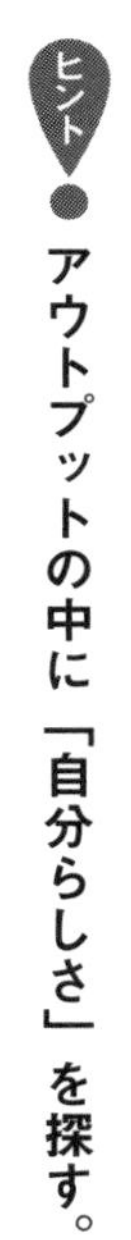

アウトプットの中に「自分らしさ」を探す。

「自分らしさ」のヒントは、他者の反応の中にある

「自分にしかできないこと」「自分ならではの仕事」のヒントは、自分のアウトプットに対する他者の反応のなかにもあります。

たとえば、私はここ数年スポーツ事業に力を入れるようになりました。女子サッカーチーム「バニーズ京都ＳＣ」の理事、Ｊリーグ「京都サンガ」の中田一三前監督のＹｏｕＴｕｂｅのディレクションなどを務めさせていただいているのもその一環です。

スポーツ事業に力を入れるのは、スポーツにはまだまだ注目されていない価値と可能性があり、それは社会をよくすることにつながると信じているから。

しかし私がスポーツ業界のど真ん中に入り込んでいくわけにはいかないし、入り込んで何かができるとは思いません。

でも「日本のスポーツを何とかしたい。まずは地元・京都のスポーツを何とかしたい」という思いから、いくつかのことをやってきました。

そんななかで、あるＪリーグのサッカー関係者が「塚本君はサッカー界に入りすぎずに、

客観的な目で新しい風を吹き込んでほしい」とおっしゃってくれたことがありました。

この言葉を聞いたとき、私は自分の立ち位置に自分らしさがあるのだと気づいたのです。ここにいるからこそ、自分らしい何か、スポーツ業界に貢献するような何かができるのではないか、と。そして次に取るべき行動がいくつも見えてきました。

このように他者の反応のなかにも「自分らしさ」「自分にしかできないこと」のヒントがあります。

しかし（しつこく言いますが）その反応があるのは、具体的にアウトプットしたから。ですからここでも、「とにかくやる」が大事なのです。

他者の言葉に耳を傾ける。

人と信頼関係を築く

アウトプットの良い連鎖に欠かせないのが「人」です。

アウトプットとアウトプットを繋ぎ役となるのは、多くの場合「人」です。

たとえば、私がツイッターでそのとき考えていたことをつぶやく。そのつぶやきを読んだ出版社の編集者の方が「このテーマで一冊書けませんか？」と連絡をくれて、出版につながるときがあります。この場合、私の「つぶやき」というアウトプットと、出版というアウトプットをつないでくれるのは編集者。

このようにアウトプットがうまくつながっていくには、人の存在が欠かせないのです。となると、人と信頼関係を築くこともまた、アウトプットの質を高めるための大切な要素になりますね。

私は、人に信頼してもらういちばんの方法は「とにかく自分から行動すること」だと思っています。

相手の話を聞く、相手の相談に乗る、相手を手伝う、相手の役に立つようなことをするなど、受動的にならずに自分から動くのです。行動を起こすことで相手の印象に残り、関係性が強くなっていきます。ここでもやはり「とにかく動く」が大事なのです。

たとえば出会って間もない人で、「この方とはぜひ信頼関係を築きたい」と思う場合は、短いスパンで会う機会を作るようにします。初めて会ったときから、できるだけ時間を空けないようにして二度目、三度目に会う機会を作るのです。

それは「一対一」でなくても構いません。たとえばその方がセミナーや講演を開催するのであれば積極的にそこへ出向きます。たとえその場では顔を合わせての挨拶だけで終わってしまったとしても、相手はわざわざ足を運んでくれたことを嬉しく思ってくれるでしょうし、また後日、自分からセミナーや講演の感想をメールで送ることもできます。

もちろんこのようにしてもすべての人と特別な信頼関係を築けるわけではありません。でも何もしなければ、相手とのつながりはほぼゼロになってしまいます。ここでのひと手間、ふた手間がいずれ何かにつながっていくのです。

ヒント　気になる人とは会う頻度を増やす。

信頼関係を築くには、まずは「聞く」

ここまでに度々、自分の考えや自分の思いを誰かに話すことも大事なアウトプットのひとつだとお伝えしてきました。

その話を聞いた人が誰かにバトンを渡すようにして、何かが始まっていく場合があります。そのためには、まず自分の話を誰かに聞いてもらうことが重要です。

しかしイソップ童話のオオカミ少年がどんなに「オオカミが来た！」と叫んでも誰にも聞いてもらえなかったことからわかるように、誰かに自分の話を聞いてもらうには、その根っこに信頼関係がなければなりません。

その信頼関係を築くためにまず大事なのは、相手の話をじっくり聞くことでしょう。

このことに気づいたのは、私が学生時代に家庭教師のアルバイトをしているときでした。

家庭教師を頼むのはたいてい親の意思であり、子どもの意思ではありません。子どもは家庭教師の元で進んで勉強したいと思っているわけではなく、親に無理にやらされているケースが多いのです。

そのような子どもたちをやる気にさせるいちばんの方法は、とにかく子どもたちの話を聞いてあげることでした。

「今日の学校の勉強はどうだった？」「テストの結果はどうだった？」「お母さんには何て言われたの？」などと質問し、子どもが話すのを待ちます。

そして「テストの点数が悪くてお母さんに怒られた」と聞けば、「そうか、でもこの部分の勉強はがんばってやったよね」「前には解けなかったこの問題ができるようになっているよね」などと、本人や親が気づいていない部分を見つけて励まします。

すると徐々に「ああ、この人は自分の気持ちをわかってくれているな」と思ってもらえるようになり、その子どもはもっと自分の気持ちを話すようになる。それをさらにじっくり聞いてあげることで、だんだん信頼関係が築かれていきます。

こうして良い関係になると、子どもはこちらの話をよく聞いてくれるようになります。同じことを言っても、良い関係になる前と後では伝わり方が断然違ってくるのです。

今でも、若い学生やスポーツ選手たちに何かを伝えようとするとき、そもそも彼らにやる気があるかどうかを気にかけます。やる気のある子なら、自分が伝えたいままに伝えても大丈夫で良い反応が返ってきます。

しかしやる気のない子に一方的にこちらの思いを伝えても、彼らには届かない。どんなに熱く語っても、「またいらんことを言う親や先生がもう一人増えた！」程度にしか受け止めてもらえず、彼らにしてみれば「敵」のような存在になってしまうのです。

よって相手にしっかり聞いてもらいたいと思うのなら、信頼関係を築くことが大事で、それはまず相手の話をしっかり聞くことから始まるのです。

話すというアウトプットの価値を高めるのは、まず「聞く」なのです。

まずは相手の話を聞く。

大きなアウトプットの前に小さなアウトプットを積み重ねる

スポーツ選手にとってもっとも大きなアウトプットの舞台といえば、それはオリンピックやワールドカップをはじめとする公式戦でしょう。

この大きなアウトプットを成功させるために、選手たちは日々練習に励みます。そして練習試合という小さなアウトプットをし、そこで新たな課題を確認する。その課題を解消・解決するために練習メニューを組み替え、実践していきます。

私たちが日々取り組むアウトプットも、基本はこれと同じです。小さなアウトプットを繰り返し、それを振り返り、次のアウトプットに生かしていく。

アウトプットが大事だというと、ともすると私たちは最初から「大きなアウトプット」を狙いがちです。

しかし練習も練習試合もしない選手が、いきなり公式戦という大舞台には立てないように、私たちもまたいきなり大きなアウトプットを実行するのはむずかしい。

よって日々のアウトプットはじつはとても地味で、地道な作業も少なくないのです。でもその地道なアウトプットを続けることが、徐々にアウトプットの質を高めていきます。
ですからあなたに今すぐできることは、今できるアウトプットを誠実に行うこと。そしてそれを続けていくこと。

大きなアウトプットはがんばってやろうとしてできるのではなく、小さなアウトプットを地道に続けていて気づいたらすでにやっていた、という場合も少なくないのです。

目の前のアウトプットに全力投球する。

小さなアウトプットを積むことで、「自分らしい考え」もまとまっていく

人が、自分以外の誰かの行動や言動に心を動かされるときというのは、その人の「芯」に触れたときではないでしょうか。そこにその人がもっている哲学、信念、生き方を見たとき。もっと簡単に言えば、その人独自の考え方を知ったときです。

たとえば、Jリーグ「京都サンガFC」の中田一三前監督がSNSで発するつぶやきに私が感動したのも同様でした。「自分たちは何のためにサッカーをするのか考えよう。それは社会を、世の中をよくするためじゃないか」といったつぶやきを見て、前監督の「真ん中」にある、サッカーに対する哲学に触れた気がしました。その考え方に心を打たれ、面識のない一三氏に思わずメッセージを送ったのです。これがきっかけとなり、同氏との新しい仕事がスタートしたことはすでに書いたとおりです。

自分の芯にある考え、自分の軸となるものをアウトプットすると、それはおもしろい展開となっていくことが多々あります。

では、その軸となる考え方というのは、どのように作り上げていったらよいのでしょうか。

私が普段やっているのは、とにかく色々な人に話すこと。話すことで自分の考えが整理されていく場合もありますし、人に話しているとそれまで思ってもみなかったことが口から出て、「ああ、本当は自分はこんな風に思っていたのだ」と気づくときもあります。

色々な人に話せば、当然「それは違うんじゃない?」と言われたり、「こういう見方もあるよ」などと言われる場合もあります。その通りだなと納得すれば、次に誰かに話すときにはそこを変えていきます。

そして現時点での自分なりの「答え」を常にまとめておく。

このとき大事なのは、いま自分の中にある考え方が「最終的な形」とは思わないこと。そのときの考え方に固執しないことです。小さなアウトプットをしながら修正し、更新していく。ここでも小さなアウトプットを繰り返し、自分の考えを熟成させていくのです。

自分らしい考えは、人に話して育てる。

アウトプットを続けるコツ

アウトプットをしても途中で息切れしてしまう、ということもありますね。「ダイエットしよう」と決めても結局続かなかったり、「英語を勉強しよう」と思っても途中で挫折してしまったり……。

何事も回数を重ねていけば質は高まります。量をこなすことは質を磨くことでもあるのです。

ではアウトプットを続けるにはどうしたらよいのでしょうか。

それは、もうひとつ別のアウトプットをうまく利用すること。

たとえば私は今から約4年前にダイエットをし、一ヶ月で20キロ痩せました。今もその体重をキープしていますが、このとき活用したのがスポーツジムのトレーナーに質問をしまくるというアウトプットでした。

ジムに常駐しているトレーナーに「痩せたいのですけれど、どうすればいいですか?」「どの機械を使うと効果的ですか?」などと聞くのです。すると「この機械で二〇回」「この機械は一五回を二セットやってください」などと教えてくれます。そしてそれを実行。トレーナーが教えてくれた通りの回数をこなすのは決して楽ではありませんでした。でも聞いてしまった手前、しかも近くで見られているかと思うとサボれません。自分の中だけで「二〇回」と決めても、きっと途中で「まあ、一五回でもいいや」などと自分に甘えてしまうでしょう。しかし「監視の目」があるとそうはいきませんでした。

また、身近な人に「20キロ痩せます！」という宣言もしていました。このときの宣言相手は会社のスタッフや大学生などの教え子たちでした。

この場合、宣言する相手を誰にするかが大事なポイントです。宣言して結果を出せなかったら心底恥ずかしい、面子が立たない相手を選びます。

親など、そもそも自分の欠点を知っていて、たとえ失敗しても恥ずかしくない相手に宣言しても効果は薄いのです。

自分を他人の監視下におく。

第4章

アウトプットの質を高めるインプット

インプットは、常にアウトプットを前提にする

スポーツの試合で結果を出すには日々の練習が、学校のテストで高得点を取るには日々の勉強が大事なように、アウトプットの質を高めるにはインプットが欠かせません。インプットがうまくできれば、おのずとアウトプットもうまくいきますね。

そこで本章では、どうしたらインプットの質を高められるかを考えていきます。

まず基本となるのは、「インプットは常にアウトプットを前提にする」ということ。

スポーツは試合があるからこそ練習の効率が上がります。勉強もやみくもに広範囲にわたってするより、試験に出る範囲に絞ったほうが効率的です。インプットは、アウトプットを前提にすることでその質を高められるのです。

たとえば、私はセミナーや講演に参加する場合は、後日必ず、その内容を会社のスタッフとシェアすることを決めています。そこで何を学んだか、もっとも大事なポイントは何だったか、自分たちの仕事でどのように生かすかなどをスタッフに話すのです。

アウトプットを前提にすると、まずインプットの姿勢が変わってきます。講師の話に真

剣に耳を傾けるし、重要なポイントを聞き逃すまいと必死になります。

さらに学んだことを言語化して誰かに伝えるためには、インプットしたことをもう一度自分の中で整理する必要があります。その場でとったメモやもらった資料を基にして、講師がもっとも伝えたかったことは何か、そこから自分が受け取ったのは何かなどを振り返り自分の言葉でまとめます。こうすることでインプットした内容が自分の中に定着するのです。

講演やセミナーの内容をノートに書き出しまとめることも立派なアウトプットです。誰かに話す予定がない場合は、ノートにまとめることを前提にしてもよいでしょう。

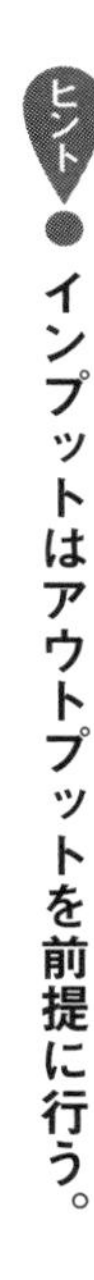

インプットはアウトプットを前提に行う。

全身をフルに使ってインプットする

インプットというと目や耳から情報、知識を取り込むというイメージがあるかもしれません。しかしここで私がおすすめしたいのは、全身をフルに使ったインプットです。

「塚本さんはどうやってケンブリッジに決めたのですか?」

留学のアドバイスをしている学生から聞かれるときがあります。

「いやあ、イギリスに行ったら、たまたま目の前にあったんだよね」

こう言うと、「もう、ふざけないでくださいよ!」と叱られるのですが、でもこれは本当のこと。

私の場合、イギリスの大学院へ留学するために、まずはイギリスにある語学学校に通いました。そこで大学院へ入るための準備をしながら、志望校を絞り込んでいったのです。

その語学学校があったのがイギリスのケンブリッジでした。ケンブリッジにあるものの、その語学学校はケンブリッジ大学とは何の関係もないところ。私もとくにケンブリッジ大学の存在を意識していたわけではありませんでした。

ところがあるとき、第1章でも触れたこの学校のスタッフであるミックが「ケンブリッジはすごく雰囲気が良くていい学校だよ」と教えてくれたのです。

改めてその存在を意識してみれば、ケンブリッジ大学の敷地面接は広いこともあって、そこは私が住んでいたホームステイ先のすぐ目の前とも言える位置にありました。

ネットなどでケンブリッジ大学を調べると、その魅力が伝わってきます。

さらにミックは「大学構内を見学させてもらうといいよ」と言って見学の手配をしてくれました。

実際に大学構内に足を踏み入れて圧倒されました。重厚な歴史を感じさせる校舎の佇まい、行き交う学生たちの表情や声、構内のひんやりとした空気、圧倒的な量の書物が揃う図書館、緑豊かなキャンパスの庭等。

目や耳だけでなく、肌で、全身でケンブリッジ大学の雰囲気を感じ取りました。そのときの思いは、ただただ「すごい!」。そしてこの「舞台」に立ちたい、観客ではなく、この舞台の主役となって学びたいと強く思ったのです。

これによって一気にギュッと気持ちが入りました。

実際に足を運び、ケンブリッジ大学の雰囲気を全身で感じたことで、心に一気に火がついたのです。

そのとき私が通っていた語学学校からケンブリッジの大学院に入学した人は、5〜6年に一人といった割合で決して多くはありませんでした。しかし自分は行けるのではないか、やるべきことをやればきっと入れる、そんな根拠のない自信が生まれてきました。そして、よし、やってやるぞと熱い闘志が湧いてきたのです。

目や耳だけでなく全身で取り入れた情報は、このようにときにアウトプットの大きな原動力となります。全身で感じたエネルギーが、自分の背中をグイグイと押してくれるのです。

よってインプットのために足を運ぶ、現地に行くというのはとても重要で、実際にその場に立てば、その場に立った者にしか得られない情報が必ずあるのです。

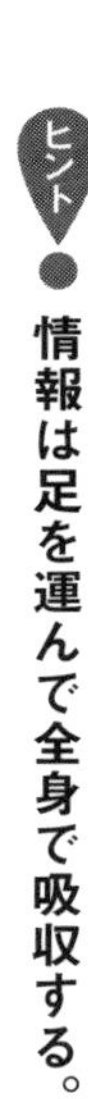
ヒント 情報は足を運んで全身で吸収する。

人を巻き込む

詳しい人から直接得る情報ほど貴重なものはない。

私はいつもこう思っています。

よってアウトプットの質を高めたいとき、私はすぐにその道に詳しい人を頼ります。


以前、マイケル・ジャクソンの「Ｔｈｉｓ ｉｓ ｉｔ」の振付師としても有名なダンサー、トラヴィス・ペイン氏の通訳を引き受けたことがありました。

あるとき、ケンブリッジ留学時代に一度だけお会いしたことのある日本人の方から連絡が来て、ペイン氏の通訳をやってくれないかと頼まれました。ペイン氏が来日してファンイベントを行うので、そこでペイン氏の通訳をしてほしいというのです。

それまで通訳の仕事はいくつかやっていましたが、イベントの主役となる人を最初から最後まで一人で通訳、しかもその相手は大物という大役を任されるのは初の経験でした。

頼まれたときには、一瞬「自分にできるだろうか」とひるみました。

しかし「無茶」を言われるのは基本的に嫌いではありません。

それは自分の限界の壁を壊すチャンスだからです。人は自分の限界を自分で勝手に決めがちです。それを壊してくれるのはたいてい他人で、「えっ、そんな無理なことを」と思うような無茶振りをされるときが、まさにその人が壁を壊してくれる瞬間なのです。

ですから基本的には、「無茶振りだな」と思うような話でも引き受けます。逆に「やります」と言ってしまえばやるしかありません。「やります」と言うからやれるのです。

ペイン氏の通訳も「やります」と伝えました。

実はその時点で、私はマイケル・ジャクソンのことさえ詳しく知らず、ペイン氏のことなると私の中では情報はほぼ何もありませんでした。でも「やる」と言ったからには進むしかありません。

マイケル・ジャクソンのＤＶＤ「Ｔｈｉｓ ｉｓ ｉｔ」をひと通りチェックし、マイケル・ジャクソン、ペイン氏本人のことをざっと調べたあとは、マイケル・ジャクソンのファンである後輩に連絡を取り、彼から情報を教えてもらう約束をしました。

このように質の高いアウトプットをしなければならないときの事前準備で、私は必ず人を頼ります。その道に詳しい人を巻き込むのです。

なぜならその道に詳しい人は、それに関連する情報の強弱をわかっているからです。重要な情報とそうでない情報の取捨選択ができます。また重要度も識別できる。よってその人を頼れば、効率的に情報収集ができるのです。

それを自分一人で調べるのは、広大な情報の海に飛び込むようなもの。がんばって泳いで情報を見つけてもそれが有益かどうかはわからず、最後は溺れたのも同然になってしまう可能性があります。

マイケル・ジャクソンのファンである後輩は、ファンならではの情報を教えてくれました。たとえばファンの間では、マイケル・ジャクソンの曲名が略されて呼ばれる場合があること(「スムース・クリミナル」を「スムクリ」など)、またマイケル・ジャクソンがつけていた香水がよく話題に上ることなどを話してくれました。ある意味でマニアックな情報です。

ネットのなかでこれらのマニアックな情報を探し当てるのはとてもむずかしいですし、

あったとしても何も知らなければそこに注目はしないでしょう。だからこそ詳しい人からの情報というのはとても貴重なのです。

イベントの当日までにもう一度「Ｔｈｉｓ ｉｓ ｉｔ」のＤＶＤをチェックし、ペイン氏のインタビュー部分も注意深く聞き、彼の英語の特徴をつかみました。また、ペイン氏のこれまでの略歴を年表にし、その流れとそこに関わった人の固有名詞などを頭に叩き込みました。

そしていざ本番を迎えると、そこではファンにしかわからない略された曲名が何度も飛び交いました。またファンの一人からは「ペインさんが付けている香水は、マイケル・ジャクソンが付けていたものと同じですか？」という質問も飛び出したのです。「あ、本当に来た！」。テストの山が当たったような感動がありました。

初のイベントの通訳は成功に終わり、後日、別のイベントでまたペイン氏の通訳をするという仕事にもつながっていきました。「詳しい人に頼る」というインプットがアウトプットを成功させたのです。

ヒント

詳しい人を頼る。

インプットとアウトプットの距離を短くする

インプットとアウトプットの距離をできるだけ短くする。これもインプットの質を高める大事な要素です。

インプットしたものはどのような場面でアウトプットされるのか、それを具体的にイメージし、そのアウトプットの機会が近いものからインプットしていくのです。

たとえば英語なら、「いつか英語が話せるようになりたい」と思っている人より、「明日、困っている外国人に道を教えられるようになりたい」と思っている人の方が断然その習得は早くなります。

後者の人の方が必要な英語が絞り込まれ、インプットの質は高まります。

またアウトプットの機会がすぐ近くにあると、学んだことを実践できます。そこで成功した部分は自信に繋がり、失敗した部分は次の課題となる。「アウトプット→質の高いインプット→アウトプット」という良い循環が起きるのです。

留学前の、私の英語の勉強法もこれと同じやり方でした。

お金をかけずに何とか英会話の力を身に付けたいと思い、考えたのが道行く外国人にどんどん話しかけることでした。

私の地元・京都には、毎年年間で五〇〇〇万人以上の外国人観光客がやって来ます。その分道に迷う外国人も多い。そこで京都駅の近くに立ち、道に迷っていそうな外国人を見つけて話そうと決めたのです。

京都駅近辺の路線図は複雑でバスのルートも複数あります。彼らはきっとこの路線図の見方がわからず苦労するだろう。地図の距離感をよくつかめず、有名寺院などの目的地に歩いていけるかどうかも迷うだろう。手頃な値段で京都の料理を求めている外国人もいるかもしれない……。

アウトプットの場を設定すると、きっとすぐに使うだろうと思う単語が絞り込まれていきました。それがある程度頭に入ったら、実際に京都駅に立ちました。そして〝Can I help you?〟と声をかけていったのです。

「そこに行きたいなら、こうやって行けばいいんだよ」

「助かったよ、どうもありがとう！」

そんなやり取りが英語でできると、「できた！」という自信になり、どんどん楽しくなっていきました。ときには想定外の質問が来て「ヤバイ！」と焦ったときもありますが、それも気づき、学びになります。

これを繰り返すと、数日前には出なかった単語がスラスラと言えるようになるなどして、自分の英語力の伸びを実感できます。

インプットとアウトプットの距離があまりに遠いと、この「自分の伸び」をなかなか実感できません。でも自分の成長の実感は、次の行動へのモチベーションとなるとても大事なもの。この意味でも、インプットとアウトプットの距離は短い方がいいのです。

ビジネスマンが英語を学ぶなら、ビジネス英語を学んだ方がよいと言われるのはこのためです。

日常会話に比べてアウトプットのシーンがより具体的になり、アウトプットの機会も近くにあるのでインプットの質が高まるのです。

また、私は英会話のラジオ番組でパーソナリティを務めているのですが、この番組で生徒が海外に行くときには「見知らぬ外国人10人と一緒に写真を撮ってくる」という課題を出します。

すると、生徒は一生懸命、その場を想像して予習していきます。そして実際に１０人の見知らぬ外国人と写真を撮ってきます。あらかじめアウトプットの場をより具体的に設定しておくことで、漠然と海外旅行に行ったときより何倍もの英語力を身につけて帰ってくるのです。

アウトプットまでの距離が短いものからインプットする。

とにかく本を読む

質の高いインプットをしたいと思うなら、私は自分自身の経験から「とにかく本を読むこと」をお勧めします。

私が初めて、真剣に本に向き合ったのは高校1年生のときでした。第1章でも軽く触れましたが、高校時代に新聞沙汰になる大喧嘩をし、それによって二週間の停学処分を受けました。

基本的に家で過ごすことを強いられ時間を持て余していた私に、母親が「本でも読んでみたら?」とアドバイスをくれ、書店のビジネス書コーナーに連れていってくれたのです。稲盛和夫さんや松下幸之助さんなど、企業経営者の方の本を何冊か買ってもらい家に帰って読みました。

読みながら強く思ったのは、「生まれながらの成功者などいないのだ」ということ。

このとき私が読んだ本の著者の方、またその本の主役として書かれている方は、すでに成功者として世に知られていました。しかし成功者への道を順風満帆に歩んできたわけではなく、相当の苦労をし、失敗もし、ときには生きるか死ぬかのレベルで人生を彷徨い、そこを超えての成功でした。努力と苦労を重ねてつかみ取った成功だったのです。

そして気づきました。自分はこれまで何かに心底一生懸命になることもなく、中途半端で、新聞沙汰になる喧嘩をしてしまうほど落ちてしまった。でもそんな自分でも逆転のチャンスがあるのではないか、今からでも自分を変えられるのではないかと。

そして自分が変わるためにはどうしたらいいかを考え、まずは真剣に勉強をすることを決めたのです。

今に至る道のスタートがこのときでした、その道を進むきっかけを与えてくれたのが本だったのです。

このように、ときに本は力強く背中を押してくれます。この世界には自分の知らない「世界」が数えきれないほどあること、自分にはそのどこへでも行ける可能性があること、そして未知なる世界への行き方を教えてくれる。アウトプットのきっかけを与えてくれるのが本なのです。

ですから今でも私は本を大量に読みます。平均して一ヶ月に二〇～三〇冊は読むでしょう。

人もネットも大切な情報源ですが、本は私にとって何か特別な情報源です。

本に背中を押してもらう。

本は最後まで読んではいけない

といっても、本は「読んで終わり」では意味がありません。

そもそも私は、本を読み終わったら「読書終了」とは思っていません。本を読み、その内容をたったひとつでも活用したときが本当の読書終了だと思っています。

しかし「本を読み切ること」を楽しんで終わってしまう人は少なくありません。

本の中でも私はビジネス書をとくに多く読みますが、ビジネス書の魅力のひとつは、「明日にでも自分の人生を変えられるかもしれない」という気持ちを読者にもたらしてくれることでしょう。

読みながら味わうこの感覚は快感ですが、この感覚を得ておしまいではただの娯楽の読書です。

そこで敢えて、本を最後まで読み切ろうとするのをやめます。

最後の一行までしっかり読み、高揚感を得ながらパタンと本を閉じてしまうと、それだけで何かを成し得たような満足感に浸れてしまいます。その満足感を回避するために、敢えて途中で本を投げ出す。最後まで読み終えずにアウトプットに進むのです。

本は、とくにビジネス書は「読む」のではなく、活用する。それができてこそ意味のあるインプットとなるのです。

本は読み切らずに活用する。

本の内容を「自分事」にする

たとえば「早起き」の本を読んだらいつもより1時間早く起きてみる、「メモ」の本を読んだら常にノートを携帯し、全力でメモする……。

このように、本の内容をそのまま実践するのも大事なアウトプットですが、ダイレクトに行動するだけがアウトプットではありません。

本の中身を「自分事」に落とし込む作業をする。これも大事なアウトプットです。

本は、単に書いてある内容を読むだけでは他人事に過ぎません。悩む友人の話を聞いて、単に「そうかあ、色々と大変だね」と言っているだけのようなもの。本の情報は「自分事」にしてこそ生きてくるのです。

ではどうすれば「自分事」になるかといえば、私の場合は読みながら感じたこと、思ったこと、考えたことをどんどん本の余白に書き込んでいきます。

ビジネス書はとくに「自分だったら具体的にどう活用するか」「実際の行動にどう落とし込めるか」「自分のビジネスにどう役立てるか」を考えながら読むので、その答えとなりそうものを書いていきます。

たとえば先日読んでいたコミュニケーション関連の本には、「今は映像の時代だから、相手の話を聞くときには話の内容を映像化してみる、また自分が何かを伝えるときには相手が映像化できやすいように話すのが大事」といった内容が載っていました。

この部分を読みながら、私は自分の仕事の場合なら、「このことは日本人が英語を聞くとき、また外国人に英語を話すときにも言えるのではないか？」と考えました。一語一語の意味を正確に捉えて相手の文章を捉えていくのではなく、相手が発する単語からざっくりとした映像のイメージを思い浮かべ、そこから相手が伝えようとしていることを受け取っていく。スピードが求められるコミュニケーションの場合にはこれが大事では、などと思ったのです。

もちろんこれは、私の中で考え抜いた結論ではありません。読んだ瞬間に思いついたもの。逆にそれくらいの気持ちで、思い浮かんだものはどんどん書き出していくのです。

本の余白で足りないときには、コピー用紙やメモ帳を取り出してそこに書き出していくときもあります。

ここではとにかく書き出すのがポイントです。

何を書いていいかわからないときには、本の中の自分の琴線に触れたフレーズをそのまま書き出してもいいでしょう。自分の文字で書いたその言葉が呼び水のようになって、そこから自分の考えやアイデアが出てくる場合があります。

そして最終的には、本の内容を自分に結び付けられるようにします。本を起点にして、自分だったらこうしよう、自分は今日からこれを実践しよう、自分はこう生かそうといったものを導き出す。本の内容はこうして初めて「自分事」になります。あとはそれを実践するのみです。

ヒント 本の内容を自分に結びつける。

第5章

アウトプットが世の中を変えていく

アウトプットは自分のためだけでなく、世の中のためになる

ここまでアウトプットがもたらすメリット、そのメリットを享受するためにどのようにアウトプットしたらよいのか、またアウトプットの質を高めるためのインプットはどのようにすべきかなどについてお伝えしてきました。要は、アウトプットがそれを行う本人にとっていかにプラスになるかを中心にお話してきました。

でもじつは、個人がアウトプットを積極的に行うことは世の中のプラスにもつながります。本章ではこのことを中心にお伝えしていきます。

「ビジネス書作家、ケンブリッジ大学心理学修士、グローバル教育、メンタルトレーニング、バニーズ京都ＳＣ理事、ジーエルアカデミア代表、ラジオパーソナリティ、Ｎ１３ディレクター」

これは私がツイッターの冒頭に載せているプロフィール部分です。

「塚本さんって、どうしてそんなに色々なことができるのですか？」

こう聞かれることがときどきありますが、改めて客観的に自分のプロフィールを見ると、質問してくる方の気持ちが少しわかります（笑）。

ちなみに、実際は大学の英語教育のコンサルティング、講演、スポーツチームのグッズ作成のお手伝いなどこのプロフィールに含まれていない仕事もたくさんやらせていただいています。

といっても手当たり次第に何でもやっているわけではなく、やっていることはすべて私が価値を感じるもの。逆にいえば、少しでも価値を感じるものならどんどんやっていきます。

なぜなら、私は基本どんな行動にも意義を見出せると考えているからです。

たとえば新しい事業を始めようと思い実行し、それがスムーズに軌道に乗れば、その行動の意義は簡単に見出せます。でも、たとえその事業がうまくいかなかったとしてもその行動に意義を見出すことはできます。

私はこれまで色々な事業を手がけてきましたが、そのすべてがうまくいったわけではありません。

少し前にも、新しいプロジェクトをスタートさせようとしたところで、結局途中で頓挫してしまいました。本の出版もすべての企画がスムーズに進行するわけではなく、途中まで書いた原稿が「お蔵入り」してしまったこともあります。アウトプットを成功させようと努力したものの、結局うまくいかなかったのです。

でもうまく行った場合もそうでない場合も、そこに至るプロセスが必ずあります。インプットという準備があり、アウトプットを実行する。アウトプットをすると必ず返ってくるものがあります。

このプロセスを振り返り、一般化、抽象化するのです。単に「うまくいかなかった」「失敗してしまった」で終わらせるのではなく、失敗のプロセスをどうやったら価値のあるものにできるかを考えるのです。

失敗の原因がわかればそれは自分の財産になりますが、そこで完結させてしまわずに、次はそれを「伝える」というアウトプットに変えていきます。自分の失敗の経験を白日の下にさらすのは少し勇気がいるかもしれませんが、それはきっと誰かの役に立つでしょう。知らないところで誰かの力になるかもしれません。

そしてゆくゆくは世の中の役に立つのです。

このように考えると、どんな行動にも意義や価値を見出せると思いませんか。

どっちに転んでもそこから得られるものは必ずあるし、それをオープンにすれば世の中のためにもなるのです。

ですから私はアウトプットすることに躊躇せず、あらゆる方向にガンガン突き進んでいくのです。

ヒント **どんな行動も振り返り、一般化、抽象化する。**

「いま・ここ」だけがすべてではない

本書でも何度か触れた、私が高校時代に起こした事件を敢えてオープンにするのも、それが誰かの役に立つかもしれない、誰かを励ますかもしれないと思っているからです。

高校時代に事件を起こすまでの私は、学校という枠の中に置かれ、多くの先生や同級生から「どうしようもない奴」と思われている自分の状況が「自分の世界のすべて」だと思っていました。

ほかに生きる場所は見当たらず、ではここで一般的に「良い子」とされるような生き方をしたいかといえばそうではありませんでした。

きっと、今の日本にはこのときの私と同じような状況に置かれている人が大勢いるでしょう。

もちろん抱えている問題はそれぞれ違うと思いますが、今いる場所での人間関係や自分のあり方に悩んでいる人は少なくないと思うのです。

高校時代の私は今いる場所がすべてだと思っていましたが、実際は違いました。世界は

「ここ」だけではなく、ずっと広く続いていました。さらに日本という価値観の狭い場所を飛び出せば、そこにはまったく違う世界があった。世界は多様性に満ちていたのです。

そして「どうしようもない奴」と思われていた私は、その「世界」から飛び出し変わることができました。

このプロセスを示すことは、悩んでいる人たちの役に立つかもしれないと思っているのです。これによって悩んでいる人たちは、ふっと外に目を向けるかもしれません。外に広く続く世界に、もっと自分に合った、自分が楽しくいられる場所があるかもしれない、という希望をもてるかもしれません。

彼らがしあわせになるためのお手伝いになればそれで十分ともいえますが、しあわせな人が増えれば自殺や犯罪も減るでしょう。自殺や犯罪が減れば、悲しく辛い思いをする人も少なくなります。つまり、ここでもひとつのアウトプットがゆくゆくは世の中のためになるのです。

成功も失敗も、そのプロセスをオープンにする。

一人で始めることを恐れない

ひとつのアウトプットがゆくゆく世の中のためになるというと、少し大ごとな響きがあるかもしれませんが、どんなアウトプットも最初の一歩は本当に地味なもの。自分の考えを紙に書き出す、自分が抱えている課題を誰かに話す、今の自分の思いをＳＮＳで投稿する、といったことです。

このとき大事なのが「一人で始めるのを恐れないこと」です。

私は自分が「何か新しいことをしたい」「世の中のこういう課題を解決したい」などと思ったときは、基本一人でどんどん始めてしまいます。まずは誰かパートナーとなる人を探して綿密に計画を立てて始める、といったことはほとんどしないのです。

なぜなら、自分一人というのは基本的にとても気楽だから。いちいち誰かと歩調を合わせたり、考え方の細かい擦り合わせをする必要もありません。すべて自分で決められるし、その分フットワークも軽くなります。

さらに、一人で始めれば失敗しても痛手が少なくて済みます。失敗したことすら誰も気づかない場合もあるでしょう。

しかしたいていのことは自分一人では完結しません。何かを成し遂げたいと思うなら、他者の力が必要です。

では実際に私が何か新しいことを始めるときにどのようにしているかというと、たいていは自分から誰かに「素直に話す」ことから始めています。ここまでに何度も「話す」というアウトプットに触れてきましたが、このシンプルなアウトプットはとにかくとても重要です。

最近私が強く感じている課題は、「もっとスポーツの価値を引き出せないか」ということ。学生時代に自分自身がやっていたこともあり、とくにサッカーへの思い入れが強いのですが、サッカーというスポーツにはまだまだ発掘されていない価値や可能性があると思っています。なかでも注目しているのは、サッカーの地域貢献・社会貢献力。

一方、私の地元である京都は、世界中の観光客が訪れるコンテンツがあり、発信力もある土地です。

この京都と世界中から注目されるサッカーがうまく共存したら、何か新しい良い循環が生まれるのではないか、と考えています。

たとえばこの考えに関して何か新しいことをやりたいと思ったとき、まず私は周囲の人に「今、このようなことを課題を感じています」「こんな風にしていこうと思っているのですが、どう思いますか?」など素直に自分の思いを語っていくのです。

このとき、話す相手をあれこれと選びません。この人に絶対協力してもらおう、なども考えない。率直に話して「それ、おもしろいね」と賛同してくれる人がいたら一緒にやっていく、という考え方です。

とにかく投げてみて、周囲の反応が悪ければ「世の中にそれほど必要とされていないのだな」「時期尚早なのかもしれない」などと考えて引っ込めます。

でも実際に話してみると、意外と「私の周囲でも同じ課題を感じます」「よくぞ言ってくれた」という反応があり、賛同者がどんどん増える、そして自分の目的達成に近づいていくというパターンもあります。

一人で何かを始めるのは勇気が必要な場合もあります。

でも誰かが最初の一歩を踏み出さなければ、世の中は変わっていかないのです。

ヒント

一人で小さく動き出す。

アウトプットの意義を明確にする

最後にアウトプットすることの意義について考えていきましょう。

ここまで何度かお伝えしたように、アウトプットはひとつ行えばそれで完結するというわけではありません。ひとつのアウトプットが次のアウトプットを呼び、そのアウトプットがさらに次のアウトプットを呼ぶというように、アウトプットは連続していきます。

逆にいえば、何か結果を出したり、手応えを得られるものにするにはアウトプットを続けていくことが大事でしょう。

ではアウトプットを続けていくにはどうすればよいかというと、何のためにそのアウトプットを行うのか、その意義を明確にすることが重要です。

たとえばダイエットをする場合、多くの人は「〇キロ痩せる」という目標は立てますが、意義まで考える人はあまりいません。そこにダイエットを挫折させてしまう落とし穴があるのです。

確かに目標を立てるだけでも、やり方によっては二〇キロ痩せるかもしれません。しかし目標だけだと二〇キロ痩せた時点で「目標達成」となり、そこで満足してリバウンドしてしまう可能性が高いのです。

そこで目標だけでなく、意義を明確にさせます。

私が過去にダイエットしたときは、まず「二〇キロ痩せる」という目標を立てました。そして「自分は何のために痩せるのか？」と考えました。

私がダイエットしようと思ったきっかけは、取材を受けた雑誌記事に載った、自分の顔写真があまりにもまん丸で恥ずかしかったからです。ちょうどその頃、今後は取材などを積極的に受け、そのときの課題などをどんどん発信していこうと思っていました。それなのに「この見た目では」と、自分の写真を見て思わず幻滅したのです。

そして「いつ取材が来て写真を撮られても、自分で自分を恥ずかしいと思わない体型になろう。そのためにダイエットしよう」と決めました。

その結果、二〇キロ減量という目標を達成した後も、食事や運動に気を使うようになり同じ体重をキープしています。

さて、ではあなたは何のためにアウトプットをするのでしょうか。

序章で、アウトプットすることのもっとも大きな意義は自分の価値・可能性を見つけることだと書きました。それでもいいのですが、自分が心底納得するような意義があるならそれでももちろん大丈夫。その意義が明確になっていれば、アウトプットを継続していくことができるでしょう。


私の場合、基本すべてのアウトプットの根っこに「人や組織など、あらゆるものが内にもつ価値・可能性を見つけて、引っ張り出し、大きくする」というものがあります。すべてのアウトプットはこのために行っていると言ってもいいでしょう。

人は自分で自分の価値になかなか気づけないですし、近くにあるものの価値も「近すぎて見えない」という場合もあります。でも、あらゆるものには必ず価値と可能性があって、私はそれを発掘したいと思っています。それはその人や組織そのものが輝くだけでなく、世の中全体がよくなることにつながるからです。

本書もこの本を読んでくれる人の価値・可能性を引き出したい、そのお手伝いをしたいと思い書きました。

これまで何度もお伝えしてきましたが、自分の価値・可能性は、アウトプットを続けることで必ず見えてきます。自分の中のキラッと光る原石をぜひ見つけてください！

何のためにアウトプットするのかを明確にする。

人生が変わる!
最強のアウトプット術

発行日 ◉ 2020年3月25日 第1刷発行

著者 ◉ 塚本 亮
発行人 ◉ 木本敬巳
編集 ◉ 相羽康行

発行・発売 ◉ ぴあ株式会社
〒150-0011 東京都渋谷区東 1-2-20
渋谷ファーストタワー
編集 / 03(5774)5262
販売 / 03(5774)5248
印刷・製本 ◉ 中央精版印刷株式会社

ISBN978-4-8356-3961-1

塚本 亮
（つかもと りょう）

ジーエルアカデミア株式会社 代表取締役。
株式会社 GLOBAL VISION 取締役。
1984 年京都生まれ。高校時代、偏差値 30 台、
退学寸前の問題児から一念発起し、同志社大学に現役合格。
卒業後、ケンブリッジ大学大学院で心理学を学び、修士課程修了。
帰国後、京都にてグローバルリーダー育成を専門とした
「ジーエルアカデミア」を設立。
心理学に基づいた指導法が注目され、
国内外の教育機関や企業、トップアスリートなどから指導依頼が殺到。
これまでのべ 6000 人に対して、世界に通用する人材の育成・指導を行い、
のべ 400 人以上の日本人をケンブリッジ大学、
ロンドン大学をはじめとする海外のトップ大学に合格させている。
主な書籍として『「すぐやる人」と「やれない人」の習慣』
『すぐやる人のノート術』『すぐやる人の読書術』（明日香出版社）、
『頭が冴える！毎日が充実する！スゴい早起き』（すばる舎）などがある。

Twitter @ryo_cambridge